Die polizeiliche Untersuchung von Verkehrsunfällen

Von

MAXIMILIAN JULIER

Zweite Auflage

1949

J. SCHWEITZER VERLAG, BERLIN UND MÜNCHEN

Druck von Dr. F. P. Datterer & Cie., Freising

Inhaltsübersicht

Vorwort

Die erste Auflage des Buches (1929 mit Nachtrag 1934) war der Niederschlag der dienstlichen Beobachtungen nach dem ersten Weltkrieg als Vorstand des Stadtpolizeiamts Augsburg und als Leiter des Schutzpolizei-Einzeldienstes der staatlichen Polizeidirektion Würzburg. Der nachfolgenden 2. Auflage, aufgebaut auf der Gesetzgebung und Rechtsprechung seit 1937, liegen vor allem die Erfahrungen zugrunde, die der Verfasser nach seiner Entfernung aus dem Polizeidienst von 1933—1937 als Sachverständiger für Verkehrsunfall-Untersuchung sammeln konnte, bis ein Berufsverbot wegen politischer Unzuverlässigkeit auch dieser Tätigkeit ein Ende setzte. Eine weitere Quelle war die 5jährige Kriegsverwendung als Lehroffizier an Offiziers- und Mannschaftsschulen der deutschen Schutzpolizei. Erschwerend fallen dagegen ins Gewicht nicht nur die Vernichtung der öffentlichen und Amtsbibliotheken durch den Krieg, sondern noch mehr der Verlust der wichtigsten verkehrsrechtlichen Literatur und anderer Materialsammlungen des Verfassers in der ersten Nachkriegszeit.

Gleichwohl sei die Hoffnung ausgedrückt, wieder ein Werk geschaffen zu haben, das allen mit der Aufklärung und Sicherung von Verkehrsunfällen befaßten Polizeibeamten als brauchbarer Berater zur Seite steht, umsomehr, als sich im Laufe der Jahre erwiesen hat, daß die praktischen Untersuchungsgrundsätze und die allgemeine Stoffanordnung den polizeilichen Bedürfnissen bestens entsprechen. Wenn die Gliederung manchmal Wiederholungen im Gefolge hat, so ist das im Interesse der Einprägung der Einzelheiten keineswegs unerwünscht.

Die in Aussicht genommene Neufassung des deutschen Straßenverkehrsrechts ließ die Frage auftauchen, ob die Herausgabe des vorliegenden Werkes gegenwärtig vertretbar ist. Indes stehen der endgültigen Verabschiedung neuer Verkehrsvorschriften — auch nach autorisierter Auffassung — noch ganz erhebliche Schwierigkeiten entgegen, insbesondere die Notwendigkeit, das deutsche Recht an die zu erwartenden Grundsätze der Vereinten Nationen anzugleichen, ferner die noch nicht feststehende Abgrenzung der Zuständigkeit zwischen Bund und Ländern in der künftigen westdeutschen Verfassung, die Annahme der neuen Bundesverfassung, die Bildung der Bundesregierung, die Wahl eines Bundesparla- und der Anlauf seiner Gesetzgebungsmaschiue. Unter diesen Umständen konnten die ursprünglich gegen die jetzige Veröffentlichung bestandenen Bedenken unschwer überwunden werden.

Der Polizeidirektion Augsburg bin ich zu besonderem Dank verpflichtet. Sie hat mir zur Ausstattung des Buches mit neuem Anschauungsmaterial wertvolle Unfallberichte und Lichtbildaufnahmen aus den letzten Jahren zur Verfügung gestellt.

$\frac{\text{Augsburg,}}{\text{München,}}$ März 1949. Der Verfasser.

1. Teil

Die Vorbereitung der Unfall-Untersuchung

A. Allgemeines

Unter einem Verkehrsunfall verstehen wir ein Ereignis, das aus dem Straßenverkehr plötzlich erwachsen ist und die Tötung, Körperverletzung oder Gesundheitsbeschädigung eines Menschen oder eine Sachbeschädigung zur Folge hat. Diese Unfälle beschränken sich aber keineswegs auf die verkehrsdichten Großstadtstraßen. Langjährige Beobachtung hat vielmehr gezeigt, daß an Plätzen und Kreuzungen, die den stärksten Verkehr bewältigen müssen, die Zahl der Unfälle verhältnismäßig gering ist, zum Teil infolge der polizeilichen Verkehrsregelung, zum Teil infolge der gerade dort intensiven Aufmerksamkeit aller Verkehrsteilnehmer. Andererseits erleben wir auf den viel verkehrsärmeren Landstraßen täglich zahlreiche, meist allerschwerste Unfälle, wie sich auch auf den übersichtlichen Autobahnen infolge der hohen Geschwindigkeiten die schwersten Unfälle abspielen.

Die kriminalistische Untersuchung von Verkehrsunfällen und namentlich von Kraftfahrzeugunfällen ist also nicht nur eine Aufgabe der Großstadtpolizei, sondern kann tagtäglich auch an den kleinstädtischen und den Landpolizeibeamten herantreten. Darum sind die nachfolgenden Ausführungen nicht auf Großstädte mit ihren Spezialbeamten und -einrichtungen zugeschnitten, sondern auf die kleineren Orte, in denen Gemeinde- oder Landpolizeibeamte in geringer Zahl, ohne besondere Nachrichten- und ohne eigene Verkehrsmittel tätig sind. Gleichwohl muß auch dort jeder mit der Unfallaufklärung befaßte Polizeibeamte sein Bestes leisten, um den Gerichten eine möglichst vollwertige Unterlage für ihre Entscheidung in die Hand geben zu können.

Die Ausführungen dürfen keineswegs als unumstößliches Schema angesehen werden, sondern sollen nur Richtlinien darstellen. Der Sachbearbeiter muß sich vielmehr bewußt sein, daß jeder Fall anders ist als der vorausgegangene und daß die Unfalluntersuchung nur in den seltensten Fällen in einem Zug zu Ende geführt werden kann. Viel häufiger zerfällt sie in eine Reihe von Einzel-Ermittlungen, die zu verschiedenen Zeiten und an verschiedenen Orten, auch von verschiedenen Beamten vorzunehmen sind. Und doch muß am Schluß ein lückenloses, festgefügtes Bild zustande kommen, das systematisch alle Umstände erfaßt hat, die irgendwie für die Aufklärung und für die gerichtliche Entscheidung der Schuldfrage von Bedeutung sind.

Verkehrsunfälle spielen sich stets in breiter Öffentlichkeit ab. Die Trümmer des Dramas behindern den übrigen Verkehr und locken Neugierige in großer Zahl an. Zudem ist nach keiner Straftat die Gefahr, daß Tatbestandsänderungen vorgenommen, Spuren beseitigt oder Zeugen von zivilrechtlich interessierten Personen beeinflußt werden so groß wie nach Kraftfahrzeug-Unfällen. Aus all dem ergibt sich die zwingende Verpflichtung, die Tatbestandsaufnahme mit größter Beschleunigung durchzuführen, hierfür die erforderlichen Vorkehrungen zu treffen und die notwendigen Voraussetzungen zu erfüllen. Sie sind persönlicher und technischer Art.

Zur erfolgreichen Unfallaufklärung gehört neben entsprechenden kriminalistischen Fähigkeiten eine umfassende Kenntnis des Verkehrsrechts sowie hinreichendes Verständnis für Kraftfahrtechnik. Möglichst soll der Untersuchungsbeamte selbst mindestens im Besitz der Führerscheine 1 oder 3 sein. Er muß dem Beschuldigten absolut sicher gegenüberstehen, soll fahrtechnischen Einwendungen usw. mit der gleichen Schlagfertigkeit begegnen können, wie sie der Beschuldigte vorbringt. Neben den Grundsätzen der Vernehmungspsychologie soll er über ausreichende Kombinationsfähigkeit verfügen, ohne die eine erfolgreiche Unfallaufklärung ebensowenig möglich ist wie die Aufklärung eines Kapitalverbrechens. Wo nicht Spezialisten — besonders vorgebildete und erfahrene Verkehrs- oder Kriminalbeamte — vorhanden sind, müssen die übrigen Polizeibeamten darnach trachten, ihre Kenntnisse in der angedeuteten Richtung zu vervollständigen. Denn es handelt sich bei Erfüllung ihrer Aufgabe darum, daß sie trotz der Notwendigkeit größtmöglichster Beschleunigung den „ersten Angriff am Tatort" mit peinlichster Sorgfalt und Umsicht betreiben, um die entstandenen Hindernisse baldigst zu beseitigen und den durch den Unfall gestörten Verkehr wieder in Fluß zu bringen.

Erste Voraussetzung für rasches Eingreifen ist unverzügliche Nachrichtenübermittlung an die für die Untersuchung zuständige Dienststelle durch den Straßenpolizeibeamten, der als erster am Unfallort eintrifft. Nicht unwichtig ist auch, daß in Städten eine Regelung getroffen wird, inwieweit die Behandlung der Unfälle den Straßenpolizeibeamten überlassen bleiben kann und wann Spezialbeamte herbeizurufen sind. Im allgemeinen wird bei bloßen Materialschäden und bei unzweifelhaft leichten Personenschäden auf deren Mitwirkung verzichtet werden können; in allen übrigen Fällen sollte stets die Untersuchung durch Spezialbeamte einsetzen.

In technischer Hinsicht ist, soweit nicht ein besonderes „Unfallkommando" besteht, erforderlich die Bereithaltung von Kraftfahrzeugen, um ohne Zeitverlust an die Unfallstelle zu gelangen, um tunlichst auch einen Arzt oder einen Sachverständigen mitzunehmen (s. S. 164). Sofort herbeizurufen ist ferner der Erkennungsdienst mit Kamera, Meßband und Zeichenmaterial sowie dem Handwerkszeug für die Sicherung und Abnahme von Spuren und Beweismitteln. Wo kein Erkennungsdienst vorhanden ist, muß allgemein oder fallweise die Genehmigung der Staatsanwaltschaft zur Verwendung von Privatphotographen erholt werden.

Grundlage und Maß aller Aufklärungstätigkeit nach Verkehrsunfällen sind die in Anlage 3 aufgeführten Rechtsvorschriften, vor allem die StVO. und die StVZO. Sie sind in den nachfolgenden Ausführungen soweit behandelt, als zur bestmöglichen Erreichung des Zweckes dieses Buches erforderlich erscheint.

B. Tatbestandssicherung

Sie obliegt stets dem Polizeibeamten, der als erster an den Unfallort kommt. Für sein Vorgehen sind die allgemein gültigen Grundsätze der Tatbestandserhaltung maßgebend. Zum Schutz vor Verlust von Spuren muß also im weitesten Umkreis abgsperrt werden. Die Abriegelung ist um so schwerer durchzuführen, je stärker der Verkehr am Unfallort ist. Um eine wirksame Absperrung zu erreichen und um die Verwischung von Spuren zu verhindern, ist nötigenfalls der Verkehr umzuleiten. Wo eine Ableitung durch andere Straßen nicht durchführbar oder nicht nötig ist, ist zu versuchen, durch vorsichtiges Vorbeifahren am Rand des vom Unfall berührten Fahrbahnstreifens den Verkehr während der Untersuchung aufrecht zu erhalten. Vorher soll aber das Spurengebiet möglichst abgegrenzt werden (Bild 1) durch Legen von Sträuchern, Umrahmung mit einem Seil u. dgl., Umreissen des Tatortes mit einem spitzen Gegenstand oder Umgrenzen durch Sandstreuung usw. Daß die beteiligten Fahrzeuge, soweit nicht zur Befreiung von Verletzten eine Änderung notwendig ist, unberührt am Platze stehen bleiben müssen, entspricht nur den allgemeinen Vorschriften über Tatortsicherung. Mußte eine solche Änderung vorgenommen werden, ist nach Bergung der Verletzten (s. u.) die ursprüngliche Lage der Fahrzeuge tunlichst sofort wieder herzustellen.

Muß ein Fahrzeug zur Vermeidung einer längeren Verkehrsstörung beseitigt werden, so ist seine Stellung vorher durch Umrißzeichnung mit Kreide oder Farbstift auf der Straßendecke festzulegen, bei Kraftwagen namentlich auch die Stellung der Vorderräder. Ist das einwandfrei geschehen, so kann die Bodenzeichnung auch dazu benützt werden, den Tatbestand zu einer späteren Lichtbildaufnahme wieder herzustellen.

Fahrspuren sind Witterungseinflüssen sehr stark ausgesetzt. Je nach dem Wetter und der Art der Straßendecke müssen sie deshalb bis zur erkennungsdienstlichen Aufnahme möglichst überdeckt und bewacht werden. Der Verlauf von nassen Reifenspuren, die rasch abtrocknen, ist durch Farbstift oder Kreide zu umgrenzen. Abdrücke im trockenen Staub halten solange, als sie nicht durch Wind oder Regen zerstört werden. Sie können erforderlichenfalls wie Eindrücke in nassem Boden durch Papier- oder vorrätig gehaltene weiße Blechstreifen (Bild 2 und 3) gekennzeichnet werden, bis sie genau aufgenommen und — unter Umständen — durch Gipsabdruck gesichert sind. Bestreuung der Ränder mit Kalk oder Kohlenstaub erfüllt den Zweck der Kennzeichnung ebenfalls.

Soweit sich unbeteiligte Zeugen melden oder sofort ermittelt werden, sind sie bis zur Vernehmung (s. S. 167) durch den Untersuchungsbeamten bereit zu halten. Dabei darf aber nicht übersehen werden, daß Besprechungen der Zeugen ebenso verhindert werden müssen wie ihre Beeinflussung durch Äußerungen der Polizeibeamten und Sachverständigen.

Nicht selten finden sich an der Unfallstelle in der Erwartung von Aufträgen Werkstätteninhaber oder deren Personal ein, die den Gang der Untersuchung zugunsten des Beschuldigten zu beeinflussen versuchen. Auf solche Personen ist deshalb im Interesse der Wahrheitsermittlung besonders zu achten, da sie oft mehr Erfahrungen besitzen wie der beteiligte Kraftfahrer. Vertreter von Versicherungsgesellschaften, bei denen die beteiligten Personen nachweislich versichert sind, sind soweit zuzulassen, als sie die polizeiliche Untersuchung nicht stören. Alle übrigen Personen sind wegzuweisen.

Zur Tatbestandssicherung gehört ferner, daß sich der Untersuchungsbeamte beim Eintreffen versichert, ob und was am Tatort geändert worden ist, durch die Feststellung:

a) In welchem Zustand befand sich der Unfallort beim Eintreffen des ersten Beamten?
b) In welchem Zustand befand er sich unmittelbar nach dem Unglück?
c) Welche Änderungen sind demnach vorgenommen worden, von wem und warum?

Durch die polizeilichen Maßnahmen darf die notwendige Fürsorge für Verletzte, insbesondere der Abtransport Schwerverletzter nicht beeinträchtigt werden. Die Betreuung und Versorgung von Verletzten muß unter tunlichst geringer Änderung des Unfallbefundes vorgenommen werden, damit möglichst wenig Spuren beschädigt oder gar vernichtet werden. Jedoch geht Sicherung des Lebens vor Erhaltung von Spuren. Nach Möglichkeit sind die Stellen, wo die Verletzten gelegen haben, am Boden zu kennzeichnen, Körperlage und Richtung aufzuschreiben.

Zur Versorgung der Verletzten kann im Bedarfsfalle die Leistung von Nothilfe gemäß § 360 Ziff. 10 bzw. § 330c StGB. verlangt werden. Die Hauptarten der Nothilfe werden sein: Vorübergehende Aufnahme von Verletzten in einem benachbarten Privathaus, Hergabe von Wasser und Verbandstoffen, Verständigung oder Herbeiholung eines Arztes, Beförderung in ein Krankenhaus oder in die Wohnung des Verletzten durch Fahrzeuge, welche die Unfallstelle passieren. Für die Form der Aufforderung besteht keine Vorschrift. Die Gewährung von Nothilfe darf abgelehnt werden, wenn sie der Aufgeforderte nur mit erheblicher eigener Gefahr leisten könnte, im Geltungsbereich des § 330c StGB. auch dann, wenn durch die Hilfeleistung andere wichtige Pflichten verletzt würden.

Die Verbringung in ein Krankenhaus soll möglichst durch unbeteiligte Fahrzeuge vorgenommen werden, damit am beteiligten Fahrzeug keine Spuren beseitigt werden können und damit die Stellung des Fahrzeugs im Augenblick des Unfalls einwandfrei festgehalten werden kann. Außerdem ist darauf zu sehen, daß belastende Spuren usw. nicht durch Hin- und Herfahren des Unglücksfahrzeugs vernichtet werden. Zur ersten Hilfeleistung gehört auch die Benachrichtigung der Angehörigen von Verletzten und Getöteten, entweder durch eine vertrauenswürdige Privatperson oder durch die örtlich zuständige Polizeidienststelle. Leichen sind bis zur Lichtbildaufnahme bzw. bis zur Abholung mit einem Tuch usw. zuzudecken.

Eine weitere Aufgabe des leitenden Untersuchungsbeamten ist die alsbaldige Wiederherstellung des gestörten Verkehrs. Daher sind die Tatbestandsfeststellungen u. U. durch den Einsatz von mehreren Beamten mit genau verteilten Aufgaben vorzunehmen. Aufräumungsarbeiten dürfen nicht vor völligem Abschluß der Untersuchung zugelassen werden.

Zu den ersten Aufgaben am Unfallort gehört schließlich noch die Sicherstellung der beteiligten Fahrzeuge (§ 94 StPO.) einschließlich abgerissener oder verlorener Fahrzeugteile usw. Sicherstellung der Fahrzeuge ist hauptsächlich vorzunehmen:

a) Wenn der Unfall schwere Personen-Verletzungen oder schwere Sachschäden zur Folge gehabt hat;
b) wenn ein technischer Mangel des Fahrzeugs vom Führer behauptet wird oder zu vermuten ist;
c) wenn der Führer betrunken ist;
d) bei Schwarzfahrten von Kraftfahrzeugen und Fahrrädern, wenn der Verdacht einer strafbaren Handlung vorliegt (s. RPräsVO. vom 20. 10. 1932 RGBl. I S. 496 gegen unbefugten Gebrauch von Kraftfahrzeugen und Fahrrädern).

Beschlagnahme ist ausdrücklich zu erklären, wenn die beteiligten Fahrzeuge abgeschleppt und in Werkstätten hinterstellt werden müssen. Im übrigen sind sichergestellte Fahrzeuge bis zur Entscheidung der zuständigen Stelle polizeilich so zu verwahren oder zu bewachen, daß keine Änderungen vorgenommen und keine Spuren beseitigt werden können. Dazu kommt noch, daß der Polizei die Obhutspflicht für solche Fahrzeuge und für ihre Ladung nach den Grundsätzen des bürgerlichen Rechts obliegt. Nötigenfalls muß die Ladung gesondert untergebracht oder dafür gesorgt werden, daß der Eigentümer sie unverzüglich selbst übernimmt. Freigabe sichergestellter Fahrzeuge s. S. 160.

Bei Trunkenheit des Fahrers ist die Sicherstellung der Fahrzeuge aus polizeilichen Gründen (Landesrecht) solange aufrecht zu erhalten, bis er nüchtern ist oder bis eine andere berechtigte, bei Kraftfahrzeugen mit entsprechendem Führerschein versehene Person, die vertrauenswürdig oder vom Halter zur Empfangnahme ausdrücklich ermächtigt ist, die Führung übernehmen kann.

Ob nach schweren Unfällen die vorläufige Festnahme des verdächtigen Führers notwendig ist, bemißt sich darnach, ob

Fluchtverdacht oder Verdunklungsgefahr besteht (s. auch S. 178). Festnahme wegen Ausweislosigkeit kommt in der Regel nur bei Schwarzfahrern und Kraftfahrzeugdieben in Frage.

Kraftfahrausweise (s. S. 23 und 35) sind den Führen nach jedem Unfall zunächst abzunehmen. Inwieweit sie wieder zurückgegeben werden sollen, bestimmt sich nach der Schwere des Unfalls, dem Zustand des Führers und dem Maß seines vermutlichen Verschuldens, schließlich nach den grundsätzlichen Anordnungen der zuständigen Behörde, der diese Ausweise gegebenenfalls unverzüglich vorzulegen sind, um die Ergreifung verwaltungsrechtlicher Maßnahmen (Führerschein-Entziehung, Entziehung der Zulassung, Kraftfahrzeug-Untersuchung und dgl.) zu ermöglichen.

Nicht übersehen werden darf die Zeit der Tatbestandsaufnahme zu notieren, insbesondere den Zeitpunkt, zu dem der Untersuchungsbeamte am Tatort seine Untersuchung aufgenommen hat. In der Zeit zwischen dem Eintreffen am Unfallort und dem Ereignis können Veränderungen am Tatort vorgenommen (s. o.), Zeugen beeinflußt sein usf.

C. Arbeitsplan

Daß sich der Untersuchungsleiter schon bei seiner Ankunft am Unfallort kurz über den Vorfall orientiert hat, ist selbstverständlich. Beim Empfang der ersten Mitteilungen und Eindrücke muß er sich aber hüten, einer vorgefaßten Meinung Raum zu geben. Er darf sich auch nicht durch Zeugen ein Urteil über Hergang und Schuld aufzwingen lassen. Denn mit Vorliebe wird von Geschädigten und von autofeindlichen Zeugen versucht, die Schuld von vornherein ausschließlich dem Kraftfahrzeugführer aufzuladen.

Nach den ersten Eindrücken bildet sich der Untersuchende seinen Arbeitsplan: methodisch, fest, aber nicht unabänderlich. Einen nicht unwesentlichen Faktor bei seinen Überlegungen bildet der Umstand, daß die wichtigsten Zeugen ebenso wie der mutmaßlich Schuldige sehr häufig mehr oder weniger verletzt und deshalb nicht mehr anwesend sind. Wir wollen im folgenden auf den Zeitpunkt des Verhörs keine Rücksicht nehmen, sondern von der Annahme ausgehen, daß die beteiligten Personen sofort zur Verfügung stehen. Ist das nicht der Fall, so muß die erste Vernehmungsgelegenheit, die der körperliche Zustand eines Verletzten zuläßt, ausgenützt werden. Bei sehr schweren Verletzungen kann es angebracht sein, die Staatsanwaltschaft von der eingetretenen Vernehmungsmöglichkeit eines Zeugen oder Beschuldigten zu verständigen, um ihr die Möglichkeit zu geben, eine richterliche Vernehmung zu beantragen.

Der Staatsanwaltschaft ist stets unverzüglich telephonische oder telegraphische Mitteilung zu machen, wenn durch einen Verkehrsunfall der Tod eines Menschen eingetreten ist. Die Leichen von Unfalltoten unterliegen der Behandlung nach § 159 StPO., soweit erforderlich auch der richterlichen Leichenschau nach § 87 StPO., sind deshalb zunächst polizeilich zu beschlagnahmen. Die Beerdigung darf nur auf Grund schriftlicher Genehmigung der Staatsanwaltschaft oder des Amtsrichters vorgenommen werden. Bei unbekannten Toten kommt hinzu die polizeiliche Feststellung ihrer Person nach dem dafür maßgebenden besonderen Richtlinien.

D. Der Kausalzusammenhang

Das Schwergewicht der folgenden Darstellungen liegt zwangsläufig immer wieder auf der Endfrage: Inwieweit hat ein bestimmter Vorgang oder Zustand oder das Verhalten einer bestimmten Person den Unfall verursacht oder mitverursacht? Dieser ursächliche — Kausal — Zusammenhang ist entscheidend nicht nur für die zivilrechtliche Haftung der verantwortlichen Personen, sondern auch für ihr strafrechtliches Verschulden.

Jede Unfalluntersuchung hat also letzten Endes die Aufgabe, festzustellen und möglichst unangreifbar zu beweisen, daß zwischen der Handlung oder Unterlassung eines Verkehrsteilnehmers und den eingetretenen Folgen ein ursächlicher Zusammenhang besteht. Denn dieser Kausalzusammenhang ist Tatbestandsmerkmal für die strafrechtliche Schuld.

Daß die Ergebnisse der polizeilichen und strafgerichtlichen Untersuchung in den meisten Fällen auch die Grundlage für den zivilgerichtlichen Schadenersatzprozeß bilden, ist bekannt, wenngleich Straf- und Zivilgerichtsverfahren voneinander unabhängig sind und sogar zu verschiedenen Ergebnissen gelangen können. Stets aber muß der ursächliche Zusammenhang zwischen der Tat und dem eingetretenen Erfolg mit einer an Sicherheit grenzenden Wahrscheinlichkeit erwiesen sein.

2. Teil

Die Tatbestandsaufnahme

A. Die Ereignisse vor dem Unfall

Wenn wir von Ereignissen vor dem Unfall sprechen, so meinen wir alle dem Unfall vorausgegangenen Handlungen und die im Zeitpunkt des Unfalls bestehenden Zustände, die auf den Vorgang von irgendwelchem Einfluß waren oder sein konnten.

Die Taktik, die bei Aufklärung von Verkehrsunfällen einzuschlagen ist, lehnt sich naturgemäß eng an die Grundsätze für die Erforschung von Verbrechen an. Vorsätzliche Herbeiführung von Verkehrsunfällen ist mit Ausnahme von Anschlägen sehr selten. In der Regel haben wir es mit Fahrlässigkeitsdelikten zu tun. Wir müssen aber auch mit der Möglichkeit rechnen, daß Naturereignisse und sonstige Vorkommnisse, die außerhalb menschlicher Verantwortlichkeit liegen, namentlich technische Vorgänge, Unfälle hervorrufen können.

Das Haftpflichtrecht des KFG. schließt die Ersatzpflicht des Halters aus, wenn der Unfall durch ein unabwendbares Ereignis verursacht wird, das weder auf einem Fehler in der Beschaffenheit des Fahrzeugs noch einem Versagen seiner Vorrichtungen beruht. Als unabwendbar gilt ein Ereignis insbesondere dann, wenn es auf das Verhalten des Verletzten oder eines nicht bei dem Betriebe beschäftigten Dritten oder eines Tieres zurückzuführen ist und sowohl der Halter als der Führer des Fahrzeugs jede nach den Umständen des Falls gebotene Sorgfalt beobachtet haben (§ 7 Abs. 2 KFG.). Solche unabwendbaren Ereignisse schließen mangels einer Schuld auch die Strafbarkeit des Kraftfahrers aus. Beim Einwand des „unabwendbaren Ereignisses“ steht also am Ende aller Ermittlungen die Kapitalfrage: Haben

Führer und Halter (s. S. 33) auch die äußerste nach den gegebenen Umständen gebotene Sorgfalt angewandt und alle vernünftigerweise ihnen zuzumutenden Vorkehrungen getroffen, um einen Unfall abzuwenden bzw. in seinen Folgen unwirksam zu machen? Diese äußerste Sorgfaltspflicht umfaßt sowohl Beschaffenheit und Zustand von Fahrzeugen und Tieren (Abschnitt A I) als auch das Verhalten von Verkehrsteilnehmern, Fahrzeug- und Tierhaltern (Abschnitt A II und B II—VIII)

I. Die beteiligten Fahrzeuge und Tiere

1. Verkehrs- und Betriebssicherheit im allgemeinen*)

Nach § 30 S. 1 StVZO. müssen Fahrzeuge so gebaut und ausgerüstet sein, daß ihr verkehrsüblicher Betrieb niemanden schädigt oder mehr als unvermeidbar gefährdet, behindert oder belästigt. Während aber die Einhaltung der Bauvorschriften der StVZO. von der Polizei im allgemeinen nicht nachzuprüfen ist, wenn nicht am Fahrzeug später erhebliche Änderungen vorgenommen oder wesentliche Fahrzeugteile ausgewechselt worden sind, so gehört es doch zur Unfall-Untersuchung festzustellen, inwieweit der verkehrs- und betriebswidrige Zustand der Fahrzeuge d. h. Änderungen, Abnutzungs- und frühere Unfallschäden den Unfall verursacht oder auf seinen Ablauf sonst wesentlichen Einfluß gehabt hat.

Nach § 7 Abs. 1 S. 2 StVO. und § 31 Abs. 1 S. 2 StVZO. hat der verantwortliche Führer des Fahrzeugs dafür zu sorgen, daß sich das Fahrzeug bzw. der Zug einschließlich Zugkraft und Ladung in vorschriftsmäßigem Zustand befinden. Vorschriftsmäßig ist ein Fahrzeug, wenn es nach seinem Unterhaltungszustand

*) Die nachkriegsbedingten Materialschwierigkeiten und Erleichterungen bei der Ausrüstung der Fahrzeuge sind nicht besonders berücksichtigt. Diese im Einzelfall zu würdigen, ist Sache des aburteilenden Gerichts, und wird sich zudem mit der fortschreitenden Besserung der Wirtschaftslage laufend ändern.

und seiner Ausrüstung den Anforderungen der StVZO. und der StVO. entspricht, so daß durch den Zustand von Fahrzeug und Ladung kein Unfall verursacht werden kann.

Die für die Herbeiführung oder Erschwerung des Unfalls ursächlichen Umstände sind im Einzelnen in den folgenden Ausführungen behandelt. Hier ist nur die Vorfrage zu stellen: Hat sich der Führer vor Fahrtbeginn oder in einer längeren Fahrpause vor der Fortsetzung der Fahrt mit pflichtgemäßer Sorgfalt von der Verkehrs- und Betriebssicherheit des Fahrzeugs und der Vorschriftsmäßigkeit der Ladung überzeugt, insbesondere durch Prüfung der Lenkung, der Bremsen, der Bereifung, des Öl- und Wasserstandes, der Beleuchtung, der Verbindung von Fahrzeug und Anhänger? Um diese Prüfung sorgfältig vornehmen zu können, muß der Führer um das Fahrzeug herumgehen. Von besonderer Bedeutung ist auch, ob der Kraftfahrer die von der Fahrzeugfabrik erlassenen Betriebsvorschriften eingehalten hat. Hat der Führer während der Fahrt verdächtige Geräusche am Motor oder am Wagen gehört, was hat er daraufhin unternommen? Hat er sonst festgestellte Mängel beseitigt oder den Halter unterrichtet, soweit er zur Behebung der Mängel nicht selbst in der Lage war. Warum hat er das Fahrzeug nicht auf dem kürzesten Weg aus dem Verkehr gezogen (Umladen, Stehenlassen an ungefährlicher Stelle), als er wesentliche Mängel während der Fahrt festgestellt hat, die er nicht selbst beseitigen konnte (vgl. § 7 Abs. 1 S. 4 StVO., § 31 Abs. 1 S. 2 StVZO.), z. B. Ausfall der Brems- und Schlußlichter.

Ergibt die Untersuchung einen verdächtigen Befund oder gar den einwandfreien Nachweis von ausschlaggebenden Mängeln, so ist also die Verantwortlichkeit des Führers und Halters zu prüfen unter dem Gesichtspunkt: Trat der zum Unfall führende Mangel erst während der Fahrt auf oder bestand er bereits bei der Übernahme vom verantwortlichen Halter? Hat dieser die Inbetriebnahme angeordnet, obwohl ihm der Mangel bei Beginn der Fahrt bekannt war?

2. Kraftfahrzeug und Anhänger

a) Allgemeines

(1) Ohne Rücksicht auf den Geltungsbereich von KFG. und StVZO. sind als Kraftfahrzeuge anzusehen:

Personen- und Lastkraftwagen,
Kraftomnibusse,
Krafträder einschließlich der Kleinkrafträder,
Elektrowagen- und Karren,
Zugmaschinen (Schlepper),
Kraftschlitten,
Gleiskettenfahrzeuge,
Sonderfahrzeuge wie Straßenreinigungsmaschinen usf.,
sonstige selbstfahrende Arbeitsmaschinen,
maschinell angetriebene Krankenfahrstühle.

Anforderungen an Fahrzeuge im allgemeinen §§ 30—31 StVZO.,
an Kraftfahrzeuge §§ 32—62 StVZO.,
an Omnibusse und Lastkraftwagen im gewerblichen Personenverkehr §§ 31—62 BOKraft.

(2) Ob die technischen Anforderungen bei Beginn der Fahrt noch erfüllt, die verschiedenen Betriebseinrichtungen noch ausnahmslos vorhanden und intakt waren, kann — sofern das nach dem Unfall überhaupt noch möglich ist — meist nur der Sachverständige nach Zerlegung des Fahrzeugs nachweisen. Gleichwohl soll der Polizeibeamte einstweilen die Vorfrage stellen: In welchem Zustand befand sich das Fahrzeug bei Beginn der Fahrt, welche Änderungen sind während der Fahrt eingetreten (s. I, 1)?

Außerdem ist bei jedem an einem Unfall beteiligten Fahrzeug festzustellen:

(aa) Art, Marke, Baujahr, Kraftquelle (Benzin-, Benzol-, Diesel-, Elektro- oder Generatorenbetrieb), Motorenstärke, Eigengewicht von Kraftfahrzeug und Anhänger, Gewicht der Ladung und der zulässigen Belastung;

(bb) Ist der Führersitz offen oder geschlossen; hatte der Führer genügenden Überblick nach allen Seiten (Länge der Motorhaube!)?

(cc) Hat das Kraftfahrzeug schon einmal einen größeren Unfall mitgemacht? Ist es damals einwandfrei wieder hergestellt und inzwischen auch amtlich untersucht worden (§ 29 StVZO., §§ 77 ff. BOKraft.)?

(3) Selbstverständlich muß auch nachgeforscht werden (Aushändigung des Kraftfahrzeug- bzw. Anhängerscheines, § 24 StVZO.), ob das Kraftfahrzeug bzw. der Anhänger überhaupt zum Verkehr zugelassen oder nicht zulassungspflichtig ist (§§ 1 und 23 KFG., § 18 StVZO. nebst DA.)*), wann, von welcher Behörde und unter welcher Erkennungsnummer? Ist ein vorschriftsmäßiges und abgestempeltes Kennzeichen vorhanden (§§ 23, 60 StVZO.). Nicht zugelassene Fahrzeuge tragen häufig gefälschte Kennzeichen und Polizeistempel (Strafvorschrift § 25 Abs. 1 KFG.). Entsprechen Kraftfahrzeug- bzw. Anhängerschein noch den tatsächlichen Verhältnissen (§ 27 StVZO.)? Sind an dem Kraftfahrzeug wesentliche Änderungen vorgenommen worden, ohne daß es vom Sachverständigen geprüft und eine neue Betriebserlaubnis erteilt worden ist (§ 19 StVZO.)? Handelt es sich um eine Prüfungs-, Probe- oder Überführungsfahrt (§ 28 StVZO.)?

(4) Ist das Fabrikschild am Kraftfahrzeug (§ 59 StVZO.) und am Anhänger (§ 61 StVZO.) angebracht; stimmen die Angaben mit den Eintragungen im Kraftfahrzeug-(Anhänger-)Schein überein? Wann hat die letzte amtliche Untersuchung des Fahrzeugs (s. o.) stattgefunden?

(5) Ob noch ausreichender Versicherungsschutz gemäß §§ 29a ff. StVZO. besteht, kann verlässig nur bei der Zulassungsstelle erfragt werden, bei der die Versicherungsbestätigung liegt (vgl. DA. zu § 29b StVZO.)*).

(6) Ist die Verwendung des Kraftfahrzeugs vom zuständigen Straßenverkehrsamt nach den Bestimmungen der Kraftfahrzeugbenutzungs-VO. vom 28. 12. 1948 genehmigt oder zulässig?

---

*) Hilfsmotorräder siehe § 67b StVZO in der Fassung vom 3. 9. 1948.

b) Die gesetzlichen Anforderungen im einzelnen

(1) Breite (vorne und hinten), Höhe und Länge eines Fahrzeugs einschließlich Ladung, bei Lastzügen auch der Anhänger, sind zu messen (vgl. § 32 Abs. 1—3 StVZO.), wenn diese Maße auf den Unfall von Einfluß waren.

Länge und Breite seines Fahrzeugs (Zuges) muß der Kraftfahrer genau wissen und sich eingeprägt haben, um weit genug, aber auch um nicht zu weit nach rechts (bzw. links) auszuweichen und beim Überholen nicht zu früh nach rechts einzubiegen.

Sind Kraftwagen und Anhänger gleich breit oder ist der Anhänger breiter (Anhänger hinter Zugmaschinen!)? Für Omnibus-Anhänger vgl. § 42 BOKraft. Hat der Omnibus-Anhänger bzw. der LKW. zur Personenbeförderung einen Breiten-Anzeiger (§ 36 BOKraft.)? Wieviele Anhänger hat der Zug (auf eine Länge von 22 m treffen höchstens zwei hinter einem Kraftwagen, höchstens drei hinter einem Schlepper)? Das Höchstlängenmaß gilt auch, wenn ein Fahrzeug abgeschleppt werden muß (s. S. 27). Ist der Unfall entstanden, weil der Zug zu lang war und der letzte Anhänger ins Schleudern kam? Hat die Verkehrspolizeibehörde Erleichterungen in Bezug auf die Maße zugestanden (§ 46 Abs. 2 StVO.; § 70 StVZO.)?

(2) Wie ist die Verbindung (Kupplung) zwischen Fahrzeug und Anhänger beschaffen (§ 43 Abs. 1 StVZO.)? Wie konnte sich der Anhänger vom Zugwagen lösen? Zu entscheiden, ob Material-, Konstruktions-, Abnutzungs- oder Bedienungsfehler vorliegen, ist ausschließlich Aufgabe des Sachverständigen*).

(3) Ist durch umrißverändernde Teile (herausragende Türgriffe, Rückspiegel, Kühlerfiguren, Starter des Kraftrades) ein Schaden entstanden (§ 32 Abs. 4 StVZO.)**)?

(4) Wie groß ist die Bodenfreiheit (§ 33 StVZO.) rechts und links bzw. in der Mitte? Das ist wichtig, wenn Personen überfahren oder sonst unter das Fahrzeug hineingerissen wurden.

(5) Wieviele Achsen haben Fahrzeug bzw. Anhänger (§§ 34, 35 StVZO.)? Wann sind die Achsen letztmals untersucht worden?

---

*) Vgl Bild 20 und 21 sowie Skizze 15

**) Siehe auch S 147

— Achsbrüche sind relativ selten, häufiger dagegen Achsschenkelbrüche. Sie machen das Fahrzeug fahrunfähig, so daß eine zuverlässige Untersuchung nur nach Abschleppen in die Werkstätte möglich ist. Wichtig ist, daß bei Achs-, Feder- oder Gestängebrüchen die einzelnen Teile nicht abgewischt werden, da hierdurch ein wertvolles Beweismittel zerstört werden kann.

Die Breite der Achsen bestimmt die Spurweite, d. i. der Abstand von Mitte zu Mitte der parallelen Fahrspuren. In Zweifelsfällen über das Maß der Beteiligung mehrerer Fahrzeuge an einem Unfall kann die Spurweite wertvolle Anhaltspunkte geben für alle Fahrzeuge, die mehr als zwei Räder haben. Die Spurweite ist um ein Geringes verschieden zwischen Vorder- und Hinterrädern; der Unterschied macht sich freilich nur in Kurvenspuren bemerkbar.

(6) Entspricht die Bereifung (Luft-, Elastik-, Vollgummi- oder Eisenreifen) den Vorschriften der §§ 36, 36a StVZO.? Welche Fabrikmarke tragen die Reifen, welche Reifenmaße? Sind die Reifen stark abgefahren, so daß ein Leinwandbruch oder das Eindringen eines spitzen Fremdkörpers den Luftschlauch angegriffen hat? Ist der Unfall dadurch entstanden oder war das Platzen des Luftschlauches eine Folge des Unfalls (z. B. Auffahren auf eine Mauer)? Der erfahrene Kraftfahrer legt die besseren Reifen auf die Vorderräder. Das kann also ein Anhaltspunkt für die Klärung der Frage sein, ob eine bestimmte Spur von einem Vorderrad oder einem Hinterrad stammt. Sind an den nicht luftbereiften Fahrzeugen Geschwindigkeitsschilder gemäß § 58 StVZO. angebracht? Ist die durch die Bereifungsart bedingte Verminderung der Geschwindigkeit eingehalten worden? Waren Schneeketten aufgelegt (§ 37 StVZO.)?

(7) Lenkvorrichtung § 38 StVZO. Ist der Kraftwagen rechts oder links gesteuert (Überblick beim Überholen)? Hat der Führer vor Abfahrt die Lenkung auf toten Gang usw. geprüft; er soll 20 Grad bei schnellen, 30 Grad bei sehr schweren, langsamfahrenden Fahrzeugen nicht übersteigen. Wann hat der Führer bemerkt, daß die Lenkung fehlerhaft ist? Weshalb hat sie ver-

sagt? Wann sind Schraubverbindungen, Kugelgelenke, Splintsicherungen letztmals nachgeprüft worden?

(8) Ist an der Windschutzscheibe ein selbsttätiger Scheibenwischer (§ 40 StVZO., § 33 BOKraft.) vorhanden? Hat er dem Führer ausreichendes Blickfeld geschaffen? War die Windschutzscheibe infolge Versagens des selbsttätigen Scheibenwischers vereist, mit Schnee bedeckt oder beschlagen? War sie infolge langer Fahrt auf schlechten Straßen verstaubt und deshalb wenig durchsichtig?

(9) Welcher Art sind die vorhandenen Bremsen (§ 41 StVZO.)? Der Wirkung nach unterscheidet man Zwei- und Vierradbremsen, der Betätigung nach Hand- und Fußbremsen. Am modernen Wagen wirkt die Fußbremse meist auf alle 4 Räder, die Handbremse auf die Hinterräder. Mit der Handbremse (Getriebebremse) werden nicht die Räder direkt, sondern die Maschinenwelle vom Motor und dadurch die hinteren Wagenräder gebremst. Bei älteren Wagen ist die Verteilung der Bremsen umgekehrt: Die Fußbremse ist die Getriebebremse und der Handhebel betätigt die Bremsen an den hinteren Rädern. Es ist auch zu bedenken, daß die Bremswirkung je nach dem Kraftaufwand des bedienenden Führers (Frauen) verschieden ist.

Der Konstruktion nach unterscheidet man insbesondere einerseits Druckbremsen, und zwar Luft- oder Flüssigkeits-(Öl-)Druckbremsen, andererseits mechanische, d. h. Seilzug- oder Gestängebremsen.

Für das Versagen der Bremsen kann mangelhafte Beschaffenheit oder Pflege, namentlich abgenutzte Bremsbelage, Verölung der Bremsbänder und -Backen, Verrosten von Gelenken, Dehnung der Seilzüge usw. verantwortlich sein. Die Wirkung der Verölung ist bei Fahrtbeginn geringer, als wenn der Wagen längere Zeit gelaufen, das Öl somit warm und flüssig geworden ist. Zur mangelhaften Pflege gehört auch die ungleichmäßige Einstellung.

Es erheben sich also, falls die Bremswirkung zweifelhaft ist oder sonst nachgeprüft werden soll, folgende Fragen:

(a) Welche Bremse hat der Kraftfahrer benutzt, wie wirkt sie auf das Fahrzeug?

(b) Hat der Kraftfahrer, der einen fremden Wagen erstmals fährt, sich vor Antritt der Fahrt vergewissert, wie die Bremsen wirken?

(c) Wann hat die letzte Untersuchung stattgefunden (DA. Abs. 2 zu § 41 StVZO.)?

Soweit Anhänger in Frage kommen, ist festzustellen: War auf dem Anhänger ein Bremser notwendig und auch wirklich anwesend (Abs. 6 S. 5 aaO.)? Wo hatte der Bremser zur Zeit des Unfalls seinen Platz eingenommen? Geschwindigkeitsschilder an Anhängern s. § 58 StVZO.

Wird ein Versagen der Bremsen angenommen oder festgestellt, so ist der Führer zu fragen, ob er sie vor Fahrtbeginn oder bei Fahrtunterbrechungen durch Betätigung der Bedienungshebel nachgeprüft und irgendwelche Mängel festgestellt hat (s. S. 21). Bei der gewerbsmäßigen Personenbeförderung ist Probebremsung durch § 21 BOKraft. ausdrücklich vorgeschrieben; über Bremswirkung bei solchen Fahrzeugen siehe §§ 43, 62 BOKraft.

Die Mindestwirkung der Bremsen ist in § 41 StVZO. vorgeschrieben; sie kann mittels Bremsprüfgerät oder wenigstens annähernd durch einfachen Bremsversuch (siehe Anlage 1) nachgeprüft werden. Soweit die polizeiliche Bremsprüfung (mit oder ohne Bremsprüfgerät) kein zuverlässig erscheinendes Ergebnis gezeigt hat oder aus bestimmten Anzeichen bei der Bremsbetätigung auf Bruch eines wesentlichen Bremsteiles zu schließen ist, muß die Feststellung der Bremsverzögerung und tatsächlichen Bremswirkung durch den Sachverständigen vorgenommen werden.

(10) Ist ein Kraftrad mit Beiwagen beteiligt, so ist zu prüfen, ob Kraftrad und Beiwagen in zuverlässiger Weise, rechts oder links gekuppelt waren. Für Anhänger hinter Krafträdern und Kraftwagen mit PKW.-Fahrgestell gilt § 42 StVZO.

(11) Handelt es sich um einen Schleppzug, so sind für das Abschleppseil die Bestimmungen in § 43 Abs. 3 StVZO. zu beachten. Im übrigen gelten für solche Schleppzüge mangels ausdrücklicher Bestimmungen folgende Grundsätze:

(aa) Auf dem geschleppten Fahrzeug muß, wenn es nicht auf einem anderen aufgelegt wird, jemand mitfahren, der mit der Handhabung vertraut ist;

(bb) bei Dunkelheit und starkem Nebel muß die seitliche Begrenzung des geschleppten Fahrzeugs in vorschriftsmäßiger Weise gekennzeichnet sein, wenn es breiter ist als das ziehende Fahrzeug (§ 51 Abs. 2 StVZO., § 24 StVZO.); außerdem müssen Schlußlichter und Rückstrahler (§ 53) sowie

(cc) Kennzeichenbeleuchtung (§ 60 Abs. 3 StVZO.) vorhanden und

(dd) das Abschleppseil durch eine rote Laterne erkennbar sein, wenn es länger als 2,75 m ist;

(ee) soweit die hinteren Beleuchtungs-Einrichtungen des geschleppten Fahrzeugs zerstört sind, muß am Schluß des Schleppzuges mindestens eine rote Laterne nach § 23 StVZO. angebracht sein;

(ff) der Schleppzug darf nicht länger als 22 m sein (s. S. 24).

Inwieweit hat die Nichtbeachtung dieser Grundsätze zum Unfall geführt oder ihn erschwert?

(12) Welcher Art ist die Fahrbahnbeleuchtung (§§ 50—52 StVZO.), Bilux- oder Einfadenlampe am Kraftwagen, Kippscheinwerfer am Kraftrad? Welche Reichweite haben die Scheinwerfer, d. h. auf welche Entfernung sind Gegenstände für den Führer durch die Windschutzscheibe noch gut erkennbar? Vorgeschrieben ist für Fernlicht bei einer möglichen Geschwindigkeit von mehr als 30 km/St. mindestens 100 m, für andere Kraftfahrzeuge sowie für Abblendlicht mindestens 25 m. Sind verbotenerweise Scheinwerfer von verschiedener Farbe oder Stärke verwendet? Sind Kurven- und Nebellichter in Betrieb? Haben die Schlußlichter des Kraftwagens bzw. der Anhänger (§ 53 Abs. 1 StVZO.) gebrannt? Sind sie vorschriftsmäßig angebracht, so daß auf der Autobahn oder auf freier Landstraße dem nachkommenden Kraftfahrer sich ein derart bestimmtes Signalbild geboten hat, daß er sich namentlich auch über die Breite des Fahrzeugs nicht täuschen konnte? Ist ein betriebsfähiger Rückstrahler (§ 53 Abs. 4 StVZO.) so nach Vorschrift angebracht, daß er seinen

Zweck erfüllen konnte? Waren Brems- und Schlußlichter oder Rückstrahler verdeckt oder verschmutzt und deshalb wirkungslos? Ist beim Ausfall des elektrischen Schlußlichtes eine rote Laterne aufgehängt worden?

Die Einhaltung der Beleuchtungsvorschriften im Verkehr hängt nicht nur von der Beschaffenheit, sondern auch von der richtigen Anbringung der Beleuchtungs-Einrichtungen ab, also bei neuen Fahrzeugen vom Fabrikanten, sonst in erster Linie vom Führer, nach Unfällen und anderen Reparaturen von der betreffenden Werkstätte. Scheinwerfer dürfen nicht zu weit nach innen oder außen gedreht sein, weil dadurch die Fahrbahn nicht gleichmäßig und nicht weit genug ausgeleuchtet wird. War trotz Einschalten des Abblendlichtes Blendung vorhanden, so waren die Scheinwerfer in der Regel zu hoch eingestellt. Fernlicht und Abblendlicht müssen die Fahrbahn und die angrenzenden Teile innerhalb der Mindestlichtgrenzen des § 50 Abs. 5 StVZO. ausreichend erhellen. Das Strahlenbündel muß also breit genug sein, um auch die Fahrbahnränder genügend aufzuhellen, um plötzlich in die Fahrbahn tretende Personen rechtzeitig zu erkennen.

Die entscheidende Frage ist demnach: Waren vorschriftsmäßige Beleuchtungseinrichtungen vorhanden, die auch ausreichend waren und weder durch Blendung noch durch Täuschung zum Unfall beigetragen haben? Beleuchtungspflicht s. S. 71.

(13) Zur Ausstattung des Kraftwagens gehören außerdem:

(a) Ein vorschriftsmäßiger Fahrtrichtungsanzeiger vorbehaltlich der Ausnahmen in § 54 StVZO.;

(b) ein bis zwei Bremslichter, soweit nicht § 53 Abs. 2 und 3 StVZO. eine Ausnahme zulassen.

(14) Ist für den Kraftwagen ein Rückspiegel vorgeschrieben (§ 56 StVZO.)? Ist er so angebracht, daß die Beobachtung der Fahrbahn nach rückwärts möglich ist? Hat der Fahrer vom Rückspiegel Gebrauch gemacht, besonders beim Überholtwerden, beim Zurückstoßen und Wenden?

(15) Ist eine Vorrichtung vorhanden, die verhindern sollte, daß das Fahrzeug von Unbefugten in Betrieb

gesetzt werden kann (§ 35 StVZO.)? Als solche Mittel sind u. a. anzusehen: Abziehen des Zündungsschlüssels, Verschluß der Wagentüren und Fenster am geschlossenen PKW. und dem Führerhaus des LKW., Inbetriebsetzen von Sperrvorrichtungen am Lenkrad usw.

(16) Waren Windschutzscheibe und die Querscheiben im Innern des Kraftwagens (§ 40 Abs. 1 StVZO.), die Scheiben von Omnibussen und deren Anhänger im gewerbsmäßigen Kraftverkehr überhaupt (§ 45 BOKraft.) aus Sicherheitsglas? Welche Verletzungen sind trotzdem eingetreten (Hautkratzer, Verletzung der Augen usw.)?

(17) Zu den in den Verkehrsordnungen gesetzlich festgelegten technischen Voraussetzungen der Betriebsfähigkeit kommt noch die Straßenlage des Fahrzeugs. Je ungünstiger sie ist (bei leichten Fahrzeugen), um so größer ist die Schleudergefahr, um so mehr Vorsicht muß also der Kraftfahrer anwenden. Wie ist also nach Bekundung des Sachverständigen die Straßenlage des am Unfall beteiligten Fahrzeugmodells? Konnte der Kraftfahrer das wissen? Hat er seine Geschwindigkeit bei Glatteis, auf rutschigem Asphalt usw. entsprechend eingerichtet?

(18) Auch sonst können bauliche Anlage und Fahrzeugzustand die Unfallgefahr erhöhen. Solche weitergehenden Fragen zu beurteilen, muß dem Sachverständigen vorbehalten bleiben, so z. B. Kupplungs- und Schaltungsmängel.

3. Das Tierfuhrwerk

Wie Kraftfahrzeuge müssen auch die unfallbeteiligten nichtmotorischen Fahrzeuge auf ihre Verkehrssicherheit untersucht werden. Insbesondere kommt bei ihnen als Unfallursache in Betracht:

a) Überschreitung von Breite, Höhe oder Länge des Fahrzeugs bzw. Zuges (§ 32 StVZO.). Nach § 63 Abs. 1 StVZO. gelten diese Maße auch für Tierfahrzeuge und Handwagen.

Dazu kommen die Beladungsvorschriften in § 19 StVO. (s. S. 69), so daß Fahrzeuge (Züge) und Ladung zusammen
nicht breiter als 2,5 m } ausgenommen Ladung land- und
nicht höher als 4,0 m } forstwirtschaftlicher Erzeugnisse
nicht länger als 22,0 m
sein dürfen. Hat ein Übermaß dieser Art den Unfall verursacht oder übermäßige *Belastung* (§ 63 Abs. 1, § 34 StVZO.)?

d) Waren die Bestimmungen über *Bespannung* (§ 64 Abs. 2 StVZO.) beachtet?

c) Ist an dem Fuhrwerk eine ausreichende, leicht bedienbare *Bremse* vorhanden (§ 65 Abs. 1 S. 1 und Abs. 2 StVZO.)?

d) War das Fuhrwerk ausreichend *beleuchtet* (§ 24 StVO.)? Hingen die Laternen gleich hoch? Waren die Laternen am Fahrzeug oder an den Tieren angebracht, waren sie für Entgegenkommende deutlich zu sehen? Hat das Fuhrwerk überhaupt keine Laternen bei sich, so ist nach Auffassung des RG. (15. 6. und 28. 9. 1933, DAR. 119, 167) der Halter u. U. verpflichtet, Laternen entgegenzuschicken.

e) War das Ende des Fahrzeugs (Zuges) durch eine rote Laterne oder einen Rückstrahler genügend gekennzeichnet (§ 23 StVO.)?

4. Das Fahrrad

a) *Art des Rades*: Herren-, Damen- oder Kinderrad, Beiwagen oder Anhänger, Transportrad mit Kasten vor (hinter) dem Führersitz?

b) War das am Unfall beteiligte Fahrrad mit einer *helltönenden Glocke* versehen (§ 21 Abs. 1, § 25 Abs. 3 StVO.)? Hat der Radfahrer beim materialbedingten Fehlen der Glocke die nötige Vorsicht gezeigt, in welcher Weise?

c) War das Rad bei Dunkelheit bzw. starkem Nebel (Begriff s. S. 53) durch Karbid- oder elektrische Lampe ausreichend beleuchtet (§ 67 StVZO.) und mit rotem Schlußlicht oder Rückstrahler versehen (§§ 23, 25 Abs. 1 S. 2 StVO. nebst Anl. 2 dazu)? Wie weit reichte die Laterne? Hat sie geblendet, etwa durch mangelnde Neigung nach vorne? Kann der Fahrradscheinwerfer entgegen § 67 StVZO. während der Fahrt von Hand verstellt werden? Waren die Rückstrahler (gelbe Pedalrückstrahler oder rote Katzenaugen) verdeckt oder verschmutzt, so daß der Radfahrer von Rückwärts nicht erkennbar war? War der Rückstrahler auf dem Schutzblech oder am Rahmen etwa zu hoch angebracht (s. § 23 Abs. 2 StVO.), so daß er dadurch unwirksam wurde?

d) Hat das Fahrrad Hand- und Rücktrittbremse (§ 65 Abs. 1 StVZO.)?

5. Der Handwagen

a) Er darf nur geschoben werden, wenn die Ladung dem Führer die Aussicht nach vorne freiläßt und wenn bei Dunkelheit und starkem Nebel (s. S. 53) die Kenntlichmachung durch Laterne oder Rückstrahler nicht verdeckt wird (§ 7 Abs. 4 StVO.). War die Beleuchtung so angebracht, daß sie durch den Körper des Schiebenden verdeckt worden ist? Warum wurde der Handwagen (Handkarren, -Schlitten) nicht gezogen?

b) Wie breit ist der Handwagen? Wie breit und wie hoch war die Ladung? Wie groß ist der schiebende Lenker, hatte er Aussicht nach vorne?

c) Handwagen, die nicht breiter sind als 1 m, brauchen keine Fahrbahnbeleuchtung, wohl aber eine rotes Schlußlicht oder Rückstrahler (§ 24 Abs. 3 StVO.). War der Handwagen dagegen über 1 m breit, brauchte er ausreichende Fahrbahnbeleuchtung? War diese vorhanden oder war ihr Fehlen Unfall-Ursache?

II. Die verantwortlichen Personen

1. Halter und Unternehmer

Zu den ersten Ermittlungen nach Kraftfahrzeug-Unfällen gehört auch die Feststellung des Fahrzeughalters, denn das Fahrzeug kann gestohlen oder sonst ohne Wissen und Willen des Halters benutzt worden sein. Nach der Rechtsprechung des RG. ist „Halter" derjenige, für dessen Rechnung das Fahrzeug zur Zeit des Unfalls in Gebrauch ist und der die umfassende Verfügungsgewalt darüber besitzt, die ein solcher Gebrauch voraussetzt. Das ist also in der Regel derjenige, der die Nutzungen zieht und die Kosten bestreitet. Dabei ist es ohne Belang, ob der Halter eine Einzelperson, eine Personenmehrheit oder eine juristische Person ist. Jedoch ist nach Auffassung des BayrObLG. (Urt. vom 22. März 1929) ein Betriebsleiter gemäß § 151 GewO. für die Erfüllung der dem gewerbetreibenden Halter auferlegten polizeilichen Verpflichtungen verantwortlich. Im gleichen Urteil ist ausgesprochen, daß der zivilrechtliche Halterbegriff des § 7 KFG. auch für die Verkehrsvorschriften der KVO. (nunmehr der StVO.) und die Srafvorschriften des KFG. gilt.

Fünf Fälle sind es, abgesehen vom fehlenden Versicherungsschutz (s. S. 23), in denen der Halter als Verursacher eines Unfalls in Frage kommen kann:

1. Ist ein nicht zugelassenes Kraftfahrzeug an einem Unfall beteiligt, so ist festzustellen, ob der Halter dessen Gebrauch vorsätzlich oder fahrlässig auf öffentlichen Straßen gestattet hat (§ 23 Abs. 2 KFG.); dazu gehören auch Privatstraßen, die zur allgemeinen Benutzung freigegeben sind. Als nicht zugelassen ist ein Kraftfahrzeug anzusehen,
   a) wenn die Zulassung fehlt (§ 1 KFG., §§ 18 ff. StVZO.),
   b) bei ausländischen Fahrzeugen, wenn der internationale oder heimische Zulassungsschein fehlt.

   Im weiteren Sinn gehört hierher auch der Fall, daß ein Kraftfahrzeug gemäß § 17 StVZO. aus dem Verkehr gezogen oder seine Verwendung beschränkt und die Abstellung bestimmter Mängel verlangt worden ist, aber gerade der beanstandete und nicht beseitigte Mangel den Unfall herbeigeführt oder mitverschuldet hat.

2. Der Halter kann einen Unfall dadurch mitverschulden, daß er (vorsätzlich oder fahrlässig) eine Person zur Führung des Fahrzeugs bestellt oder ermächtigt, die sich nicht durch einen Führerschein ausweisen kann oder der die Fahrerlaubnis entzogen ist (§ 24 Abs. 2 KFG.). Als Fehlen des Führerscheins wird auch angesehen, wenn der vorhandene Führerschein nicht zum Führen des am Unfall beteiligten Fahrzeugs berechtigt.

3. Der Halter darf die Inbetriebnahme eines Fahrzeugs nicht anordnen oder zulassen, wenn ihm bekannt ist, daß das Fahrzeug einschließlich Zugkraft oder Ladung den Vorschriften nicht entspricht (§ 7 StVO., § 31 StVZO.). Das gilt für Fahrzeuge aller Art.

4. Der Halter eines Fahrzeugs oder Tieres darf nicht durch Mißbrauch seines Ansehens bzw. der Dienstgewalt zu Verstößen gegen die Verkehrsvorschriften anstiften (siehe § 48 StGB.). Häufig erwähnt der Kraftfahrzeugführer nichts von der Einflußnahme des Dienstherrn, um nicht seine Stellung zu verlieren; denn Geldstrafen werden, wie er weiß, vom Arbeitgeber getragen. Die Frage nach der Einwirkung des Halters ist deshalb stets zu stellen, wenn er sich im Fahrzeug befunden hat oder wenn aus anderen Gründen mit seiner Einwirkung zu rechnen ist, z. B. wenn er den Fahrer beauftragt hat, binnen einer zu knapp bemessenen Frist einen Auftrag zu erledigen ohne Rücksicht auf Einhaltung der Verkehrsordnung.

5. Strafbar kann sich der Halter außerdem machen, wenn er an seinen Fahrer Anforderungen stellt, die über die gesetzlichen und tarifmäßigen Arbeitszeitgrenzen hinausgehen. Eine solche Prüfung ist stets vorzunehmen, wenn Ermüdung als Unfallursache behauptet wird oder zu vermuten ist (s. S. 44).

2. Der Kraftfahrzeugführer

a) Zulassung und Ausweisführung

Die Berechtigung auf öffentlichen Straßen ein Kraftfahrzeug zu lenken ist mit Ausnahme der Fahrschüler (s. u.) vom Besitz eines amtlichen Führerscheins abhängig (§§ 2 und 24 Abs. 1, § 27 KFG., §§ 4, 71 StVZO.). Es ist deshalb zunächst zu prüfen: Ist der Lenker zum Führen eines Kraftfahrzeugs zugelassen, ist er zugelassen für die Kraftfahrzeugart, die er geführt hat? Hat der Führer den Führerschein bei sich? Wann und von welcher Behörde ist er ausgestellt? Ist der Inhaber des Führerscheins dessen rechtmäßiger Besitzer, ist der Schein nicht gefälscht? Ist das Fahrzeug von dem dazu Berechtigten oder Beauftragten gelenkt worden oder ohne Zustimmung des Halters oder gegen seinen ausdrücklichen Willen von einer anderen Person? Besitzt diese den erforderlichen Führerschein? Welchem Zweck diente die Fahrt? Hat der Führer schon früher Unfälle erlitten? War ihm der Führerschein schon entzogen, warum? Hat er den entzogenen Führerschein etwa nicht abgeliefert? Fährt er häufig oder selten, ist er mit dem Fahrzeug vertraut oder nicht?*) Bei Ausländern ist Kenntnis der deutschen Fahrvorschriften wichtig.

Soweit ein Linien-, Droschken-, Mietwagen- oder sonstiger gewerbsmäßiger Personenverkehr in Frage kommt (Personenbef. Ges. i. d. F. v. 6. 12. 1937, RGBl. I S. 1319) sind die Bestimmungen über Ausweisführung zu beachten (vgl. auch § 9 BOKraft.), insbesondere über ihre zeitliche Gültigkeit. Bei der Beförderung von Personen auf Lastkraftwagen muß gegebenenfalls die besondere Erlaubnis nach § 34 StVO. vorliegen (s. auch S. 86).

Bei Schul- und Prüfungsfahrten (s. S. 23) ist verantwortlicher Führer der Fahrlehrer (s. § 3 KFG., § 6 StVZO., VO. v. 21. 12. 1933 i. d. F. v. 16. 4. 1940, RGBl. I S. 646).

---

*) Weitere Fragen der fahrtechnischen Eignung siehe S. 24 (Kenntnis der Fahrzeugmaße), Seite 27 (Kenntnis der Bremswirkung), Seite 92 (Allgemeine Fahrtechnik).

b) Körperliche und geistige Eignung

aa) Allgemeine

Nach § 2 Abs. 1 StVZO. darf am Verkehr nicht teilnehmen, wer infolge körperlicher oder geistiger Mängel sich im Verkehr nicht sicher bewegen kann. Besonders muß nach § 7 Abs. 1 S. 1 StVO. und § 31 Abs. 1 S. 1 StVZO. jedes Fahrzeug und jeder Zug einen zur selbständigen Leitung geeigneten Führer haben. Diese Eignung ist nur dann gegeben, wenn der Führer nach seinem körperlichen und geistigen Zustand in der Lage ist, allen Verpflichtungen im Verkehr Genüge zu leisten. An den Kraftfahrer wiederum wird der strengste Maßstab angelegt und auch ein solches Maß von körperlicher Kraft und Gewandtheit verlangt, daß er selbst unter schwierigsten Umständen im Augenblick der Gefahr imstande ist, das Fahrzeug in der Gewalt zu haben. Besondere Anforderungen sind an die Führer im gewerblichen Personenverkehr gestellt, und zwar in § 12 BOKraft. für Personen- und Lastwagenführer, in § 13 für Droschkenführer.

Lag die Ursache in einem Fehlen der hiernach zu fordernden Voraussetzungen und Eigenschaften? Es ist also zu ermitteln:

In welcher geistigen und körperlichen Verfassung befand sich der Führer: war er nüchtern oder alkoholisiert und in welchem Grade? (siehe bb). War die Reaktionsfähigkeit seiner Nerven*) durch andere Einflüsse beeinträchtigt: durch Übermüdung (siehe cc), durch eine plötzlich aufgetretene oder eine chronische innere Krankheit, durch übermäßigen Genuß von Nikotin oder durch Einnahme anderer Nervengifte? Befinden sich Augen und Ohren in einem für einen Kraftfahrzeugführer

---

*) Man versteht darunter die Fähigkeit auf eine Sinneswahrnehmung (Gesicht, Gehör) hin in kürzester Zeit eine Handlung vorzunehmen z. B. vor einem plötzlich auftauchenden Hindernis Gas wegzunehmen und zu bremsen oder auszubiegen eventuell anzuhalten. Der Stand der Reaktionsfähigkeit zeigt sich also 1 in der Zeit, die jemand von der Wahrnehmung bis zur Handlung braucht, 2 in der Reaktionshandlung (Bremsen, Ausbiegen oder Aufrennen auf das Hindernis infolge Fehlens der Fähigkeit, die Erkennung eines Hindernisses in eine Abwehrhandlung umzusetzen).

Bild 1

Bild 2

Bild 3

Bild 4

unerläßlichen Zustand oder ist seit Erteilung des Führerscheines ein körperlicher Mangel aufgetreten, der ihn zum Führer eines Kraftfahrzeugs ungeeignet macht?

Beim Vorhandensein von Gebrechen (geringe Sehkraft und Gehör, Farbenblindheit, schlechter Zustand der Nerven) ist zu ermitteln, ob sich der Führer seiner Mängel bewußt war (unmittelbare Befragung, Äußerung von Angehörigen und Bekannten). Er handelt fahrlässig im Sinne der §§ 222 und 230 StGB., wenn er ein Kraftfahrzeug führt, obwohl er weiß oder wissen muß, daß er nicht die erforderlichen Geisteskräfte hat (RG. 18. Juni 1929). Bei Kraftfahrzeugführern mit körperlichen Mängeln, z. B. infolge Kriegsverwundung oder Betriebsunfall, ist im Führerschein nachzusehen, welche Vorrichtungen gemäß §§ 3 und 12 StVZO. vorgeschrieben sind, um bei der Führung des Fahrzeugs andere nicht zu gefährden. Waren die Vorrichtungen vorhanden?

bb) Alkoholverdacht

Verkehrsteilnehmer, die an einem Unfall beteiligt sind und unter Alkoholverdacht stehen, sind zur Verhinderung der Weiterfahrt und zur Blutentnahme festzunehmen. Die Rechtsgrundlage dafür bietet zunächst das Landesrecht, im ehem. preuß. Gebiet also bis auf weiteres §§ 14, 15 PVG., in Bayern die engere Vorschrift des Art. 102 Abs. II—V AG. z. StPO. und Art. 55 PStGB., weil der Zustand der Alkoholisierung die Gefahr weiterer Unfälle und Straftaten einschließt.

Die zweite Aufgabe besteht darin, die Tatsache des Alkoholgenusses zu beweisen sowie den Grad der Alkoholisierung — von der leichten Anheiterung bis zur schweren Trunkenheit — und ihren Einfluß auf den Unfallablauf zu ermitteln. Bei der Beurteilung des Grades der Alkoholisierung ist zu bedenken, daß die Urteile darüber außerhalb der Ärzteschaft meist nicht nur weit auseinandergehen, sondern daß auch die äußeren Anzeichen des Trunkenheitsgrades von Mensch zu Mensch verschieden sind.

Ist Alkoholgenuß erwiesen (durch den eindeutigen Zustand der Verdächtigen, durch Nachforschungen und unwiderlegliche Zeugenaussagen) oder wird er gar nicht bestritten, so ist mit der Ermittlung und Festlegung des Tatbestandes dieser Teil der polizeilichen Aufgabe grundsätzlich abgeschlossen. Die Feststellungen dazu haben sich namentlich auf folgende Fragen zu erstrecken:

(1) Wann und wo hat der Verkehrsteilnehmer den Alkohol eingenommen, welche Art, in welchen Mengen (Zahl und Größe der Gläser), innerhalb welcher Zeit, mit oder ohne Speisen-Einnahme oder -Unterlage, mit oder ohne Rauchen (wieviele Zigaretten usw.)?

(2) Wurde mit den Fahrzeuginsassen eine Bier-(Wein-)Reise unternommen? Nötigenfalls ist von Gasthof zu Gasthof oder sonst von Haus zu Haus zurückzufragen, ob und wieviel Alkohol der Einzelne zu sich genommen hat.

(3) Ist der Verkehrsteilnehmer an Alkohol gewöhnt (z. B. Gastwirte, Arbeiter und Bierführer von Brauereien, Weinkellereien) oder ist er gegen Alkoholwirkung empfindlich?

(4) Sonstige Umstände: Alter, Allgemeinbefinden, Stimmung vor (nicht durch den) Alkoholgenuß infolge Sorgen, Ärger, Freude; Jahreszeit, Tageszeit, Tagestemperatur?

(5) Wie hat sich der Verkehrsteilnehmer nach der Alkohol-Einnahme und besonders unmittelbar vor dem Unfall benommen?

(6) Wodurch ist der Unfall eingetreten?

Wird der Alkoholgenuß bestritten, so ist unbeschadet der Einleitung obiger Ermittlungen — soweit nicht ausnahmsweise der Richter oder Staatsanwalt die Unfall-Aufklärung übernommen hat — durch einen Hilfsbeamten der Staatsanwaltschaft gemäß §§ 81a, 163 StPO. eine Blut-Entnahme*) zu veranlassen.

*) Die dafür erlassenen reichseinheitlichen Richtlinien in den

RdErl.	vom	25. 9. 1936	(RMBl. i. V	S. 1277),	
,,	,,	28. 5. 1937	(,,	,, 886)	
,,	,,	8. 7. 1937	(,,	,, 1138)	
,,	,,	10. 8. 1937	(,,	,, 1399)	
,,	,,	19. 7. 1938	(,,	,, 1215,	1407)
,,	,,	21. 6. 1939	(,,	,, 1337)	
,,	,,	23. 8. 1939	(,,	,, 1837;	PDV. 5 S. 390)
,,	,,	7. 2. 1940	(,,	,, 253)	

Zu diesem Zweck sind die alkoholverdächtigen Personen, gegebenenfalls einschließlich der Unfallopfer (s. u.) je nach örtlicher oder allgemeiner Regelung einem Amtsarzt, einem zur Verfügung stehenden Privatarzt oder einem Krankenhaus zuzuführen. Die Blutentnahme muß stets durch einen Arzt ausgeführt werden, und geschieht regelmäßig durch einen kleinen Stich in das Ohrläppchen oder in eine Fingerspitze (Widmarksche Methode). Das abgenommene Blut wird in besonders vorbereiteten Glaskapillaren (oder Venülen) verwahrt. Die Vorschriften für die Blutentnahme und die ihr vorausgehende klinische Untersuchung sind auf dem jeder Kapillarenpackung beiliegenden Fragebogen abgedruckt. Die Blutentnahme soll so früh wie möglich, jedoch nicht vor 1½ Stunden nach Beendigung des Alkoholgenusses stattfinden. Zur Untersuchung des abgenommenen Blutes sind je nach Anordnung vor allem die gerichtsärztlichen Institute sowie die Untersuchungsanstalten im Sinne des § 21 des Lebensmittelgesetzes vom 17. 1. 1936 (RGBl. I S. 17) heranzuziehen.

Es gibt jedoch — namentlich auf dem Lande — Fälle, in denen die ärztliche Blutentnahme nicht möglich ist. Hier soll nun an deren Stelle oder wenn sie sich nur verzögert oder die Möglichkeit der Beiziehung eines Arztes zur Blutentnahme noch ungewiß ist, von vornherein versucht werden, solche körperliche und psychische Tatsachen festzustellen, die den Verdacht des Alkoholgenusses zu bestärken geeignet sind. Erfahrungsgemäß kommen für die Beurteilung, ob Alkoholzustand zu vermuten ist, vor allem folgende Anzeichen in Betracht*):

1. Äußere Anzeichen wie Redseligkeit, Heiterkeit, das heulende Elend usw., in schweren Fällen Schwindelgefühl, Benommenheit, Bewußtlosigkeit; vielfach ist das Benehmen

können sinngemäß auch weiterhin angewandt werden, soweit die Landesregierungen nicht neue Anordnungen getroffen haben. Das Gleiche gilt von den durch RdErl vom 19. Januar 1940 (MBliV. S. 179) und 6. Juli 1943 (MBliV. S. 1177) eingeführten Formblättern. Jedoch ist Vorbeugungshaft (RdErl. vom 14. Dezember 1937 und 23. August 1939, PDV. 5. S. 330) unzulässig.

*) Ich folge nachstehend im besonderen den Ausführungen von Hoffmann, Alkoholnachweis bei Verkehrsunfällen, 1937.

anfangs heiter, schwatzhaft, überspannt, anmaßend, unausgeglichen, überreizt, lärmend, später gleichgültig, stumpfsinnig usw. (Hoffmann S. 14).

2. Motorische Reaktionen wie gesteigerter Bewegungsdrang und der Drang rasch und laut zu sprechen, Gefühl gesteigerter Kraft, Lust am Dahinrasen oder an kühner, vermeintlich sicher beherrschter Fahrweise, durch haarscharfes Überholen, Erzwingen der Vorfahrt oder Beibehaltung hoher Geschwindigkeit in Kurven, Übermut, selbst bei Fahrten auf unbekannten Straßen, bei Regen und Glatteis, also Wegfall der natürlichen Hemmungen (Hoffmann S. 12).
3. Zustand der Kleidung; ungeordnete Kleidung zeigt eine Veränderung der Persönlichkeit an. War die Kleidung also geordnet oder ungeordnet (soweit sie nicht durch den Unfall in Unordnung geraten ist)?

Sehr verdächtig, aber nicht unbedingt beweisend sind:

4. Alkoholgeruch der Atemluft; jedoch verändert schon ein Glas helles Bier den Atem gewisser Personen, ohne daß man eine Alkoholwirkung beobachten könnte (Hoffmann S. 18);
5. Unsicherer Gang, zitternde Hände; sie sind oft genug auch Ausdruck einer bestehenden nervösen Störung;
6. Verwaschene, stolpernde, näselnde, lispelnde oder stotternde Sprache; dabei ist zu bedenken, daß es Menschen gibt, die auch im nüchternen Zustand eine schwere Zunge haben;
7. Schweißausbruch, Speichelfluß, nervöses Schlucken, Aufstoßen und schließlich Erbrechen. Erbrechen beruht aber nicht unbedingt auf Alkoholwirkung, sondern kann auch Folge einer Gehirnerschütterung sein.

Anhaltspunkte für den Grad der Alkoholisierung ergibt weiterhin die Prüfung der örtlichen und zeitlichen Orientierung, also namentlich über den jetzigen Aufenthalt und die Personen der Umgebung, über Tageszeit, Tag, Datum, Jahr. Auch die Erinnerung an die Erlebnisse der letzten Stunden pflegt nach Eintritt einer Bewußtseinstrübung, die durch Alkoholeinfluß ausgelöst sein kann, lückenhaft zu sein oder ganz zu fehlen.

Der Arzt kann und muß, wenn ihm ein Alkoholverdächtiger zur Blutentnahme vorgeführt wird, wesentlich weitergehen. Er prüft mit und ohne Instrumente z. B. auch die allgemeine Körperkonstitution, Anzeichen von Krankheiten, Verschlechterung der Sinnestätigkeit und damit insbesondere der psychischen Reaktionsfähigkeit. Denn jede Verlangsamung der Reaktion eines Fahrers auf Hindernisse wirkt sich je nach der Geschwindigkeit des Fahrzeugs mehr oder minder unheilvoll aus, so daß zum technischen Bremsweg des Kraftfahrers stets auch noch der psychische kommt, d. h. die verlängerte Reaktionszeit (s. S. 36).

Die Art des alkoholischen Getränkes kommt in der Höhe des Blutalkoholspiegels nicht zum Ausdruck, wohl aber ist die psychische Wirkung bei Genuß von Schnäpsen, Grogs nördlicher Art oder spritverschnittener Südweine eine andere als bei derselben Alkoholmenge im Bier oder Moselwein (Hoffmann S. 41).

Wichtig ist auch der Zeitpunkt der Blutentnahme (s. o.) und die Tatsache, ob inzwischen irgendwelche Katermittel (auch Insulin) eingenommen worden sind. Falls nach dem Unfall noch Alkohol genossen wurde, ist sofortige Blutentnahme zu erwirken, damit nicht auch dieser neue Alkohol ins Blut tritt.

Bei unter Alkoholwirkung stehenden Zeugen kann Blutentnahme angebracht sein, wenn das für die Aufklärung der Unfallursache von Bedeutung ist, z. B. wenn die Wageninsassen samt dem Fahrer eine Alkoholfahrt (Schwarzfahrt?) gemacht haben (s. o.). Sind mehrere Personen an einem Unfall beteiligt, bei dem Alkoholgenuß als Ursache zu vermuten ist, so ist darauf zu achten,

a) daß alle Unfallbeteiligten einschließlich der Fahrgäste der Blutentnahme unterzogen werden;

b) daß die Blutproben nicht verwechselt werden.

Ist durch Unfall eine Person getötet worden, die unter dem Verdacht des Alkoholgenußes und damit der Allein- oder Mitschuld am Unfall steht, so ist eine Blutentnahme (Leichenblut) gegebenenfalls im Wege der richterlichen Leichenschau (§§ 87 ff. StPO.) bei der Staatsanwaltschaft anzuregen. Gefahr im Verzug, welche die Hilfsbeamten der Staatsanwaltschaft berechtigen würde, selbständig eine solche Maßnahme gemäß § 81a Abs. 2 StPO. anzuordnen, dürfte hier selten vorliegen.

Die Blutentnahme und die damit verbundenen oder an ihre Stelle tretenden polizeilichen Ermittlungen sind auch dann erforderlich, wenn (bei bloßem Sachschaden, Tötung des am Unfall Alleinschuldigen) kein Strafverfahren stattfindet, aber verwaltungsrechtliche Maßnahmen (Entziehung der Fahrerlaubnis, Androhung oder Durchführung der Konzessionsentziehung gegenüber einem Wirt*) notwendig erscheinen, ferner wenn die Feststellung des Alkoholmißbrauches erforderlich ist, um einem durch den Unfall Geschädigten die Möglichkeit zu geben, seine Rechtsansprüche gegenüber den Erben des getöteten Kraftfahrers geltend zu machen, wenn andere Mittel zur Wahrung dieses Rechtsanspruches nicht zur Verfügung stehen (vgl. die Anwendung des § 14 preuß. PVG. hinsichtlich solcher privatrechtlicher Ansprüche).

Die Entlassung des polizeilich Festgenommenen kann erfolgen, sobald die Blutentnahme durchgeführt und der Häftling wieder völlig ernüchtert ist oder ein anderer Berechtigter das Fahrzeug übernommen hat. Vorläufige Festnahme s. 3. Teil. S. 178.

cc) Übermüdung

Übermüdung ist eine häufige Unfallursache, namentlich bei Kraftfahrern. Alter, Naturanlage, Gewöhnung spielen dabei eine entscheidende Rolle. Wird „Ermüdung" oder als Höchststadium „Übermüdung" als Unfallursache angegeben oder vermutet, so sind folgende Feststellungen zu treffen:

> Seit wann ist der Fahrer unterwegs? Hat er die Fahrt in ausgeruhtem Zustand angetreten, evtl. warum nicht? Hat er während der Fahrt Pausen eingelegt: Wo, wann, wie lange, was hat er in den Pausen getan? Warum hat er die Fahrt nicht eingestellt, als sich die Anzeichen der Ermüdung bemerkbar machten?

*) Strafverfahren gegen einen Wirt, der an Betrunkene geistige Getränke verabreicht hat s. § 16 Abs. 1 Ziff. 3, § 29 Ziff. 8, § 30 Abs. 2 Gaststättenges.

Einen auch von der Rechtsprechung verwertbaren Maßstab für angemessene Verteilung von Dienst- und Ruhezeiten bildet, soweit ein Kraftfahrer im Arbeits- oder Angestellten-Verhältnis in Betracht kommt, die Einhaltung der Arbeitszeit-Vorschriften, namentlich der Arbeitszeitordnung vom 26. 7. 1934 (RGBl. I S. 803) und der einzelnen Tarifordnungen. Von besonderer Bedeutung ist die Tarifordnung für den Güterfernverkehr vom 15. 10. 1936 (RVkBl. B S. 366, PDV. 5 S. 432). Infolge der besonderen Lebensbedingungen des Fernfahrers hat der Reichsverkehrsminister diese Tarifordnung, soweit sie die Arbeitszeit und deren Überwachung betrifft, auch auf Unternehmer und auf die im Betrieb beschäftigten Personen, die nicht im Arbeitsverhältnis stehen (z. B. Angehörige) ausgedehnt (VO. v. 9. 11. 1936, RVkBl. B S. 365). Für das private Kraftomnibus-Gewerbe gilt neben § 8 BOKraft. die VO. v. 17. 2. 1938 nebst Ausf.-Best. (RVkBl. B S. 39).

dd) Sexuelle Ursachen

Scheinbar unerklärliche Verkehrsunfälle sind nicht selten auf sexuelle Reize und Handlungen (Umarmen, sexuelle Berührungen u. ä.) zurückzuführen. Bei Verkehrsunfällen, deren Ursache nicht gefunden werden kann, ist deshalb, wenn zwei Personen verschiedenen Geschlechts allein im Führerraum saßen, besonders auf den Zustand der entsprechenden Kleidungsstücke (Hosenschlitz, Schlüpfer, Bluse) zu achten.

In allen drei Fällen (bb bis dd) handelt es sich also um verringerte Wahrnehmungsmöglichkeit der menschlichen Sinne, insbesondere Ablenkung der Aufmerksamkeit, Einschränkung der Reaktionsfähigkeit durch körperliche und seelische Zustände und Ereignisse. Diese dürfen deshalb neben den sonstigen Unfallmöglichkeiten vom Untersuchungsbeamten nicht außer Acht gelassen werden.

Alkoholisierung und Übermüdung führen insbesondere auch zu Sinnestäuschungen über Entfernungen, über Geschwindigkeiten fremder Fahrzeuge, über seitlichen Zwischenraum und

Abstand bei Durchführung der Überholung oder der Vorfahrt, über den verkehrsfreien Raum beim Ausweichen, über Beurteilung der Lichter vorausfahrender oder stehender Fahrzeuge, aufgestellter Schranken und beleuchteter Verkehrszeichen, namentlich auch in der Dämmerung und bei Nebel

3. Fuhrwerkslenker, Reiter, Tierführer

Die körperlichen und geistigen Anforderungen in §§ 2, 3 StVZO. (s. S. 35) gelten sinngemäß auch für die Führer nichtmotorischer Fahrzeuge. Beim Vorliegen körperlicher Mängel ist namentlich zu prüfen, ob der Führer nicht entgegen einer behördlichen Untersagung, Beschränkung oder einer auferlegten Bedingung zuwider die Führertätigkeit ausgeübt hat (s. § 3 Abs. 1 StVZO.).

Den Fuhrwerkslenkern stehen in bezug auf Eignung im allgemeinen Tierführer gleich (s. § 40 StVO., § 3 Abs. 1 StVZO.), also Hirten von Gänsen, Kühen, Schafen, wenn sie ihre Herden über öffentliche Straßen treiben, desgleichen die Führer von Pferde- und Rindertransporten sowie Reiter. In all diesen Fällen kann die Fähigkeit zum Führen von Tieren im Verkehr insbesondere auch bei Jugendlichen und Greisen fehlen oder beschränkt sein, z. B. geeignet für bloße Ackerfahrten auf Straßen ohne, dagegen nicht auf Straßen mit Kraftverkehr.

4. Radfahrer und Fußgänger

Auch bei ihnen sind körperliche und geistige Mängel häufig der Anlaß zu verkehrswidrigem Benehmen und infolgedessen zu Unfällen. Eine ärztliche Begutachtung, ob die Verkehrstauglichkeit durch Krankheit, Alter oder sonstige Umstände wie frühere Betriebsunfälle oder Kriegsverletzungen herabgesetzt ist, ob Sehkraft und Gehör wesentlich vermindert sind, wird die Unfall-Untersuchung erheblich vereinfachen.

Die grundsätzlichen Anordnungen für den Radfahrer- und Fußgängerverkehr sind gleichfalls in der StVZO enthalten. Sie ver-

Bild 5

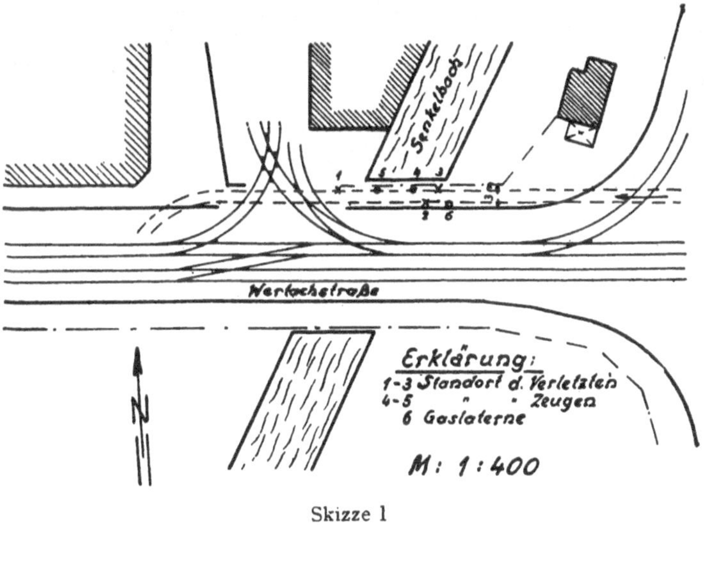

Skizze 1

Bild 6

langt auch von Radfahrern und Fußgängern, daß nötigenfalls in geeigneter Weise Vorsorge getroffen ist, daß sie Andere nicht gefährden können (§ 2 Abs. 1 StVZO.). Diese Vorsorgepflicht trifft gegenüber Kindern, sowie gegenüber alten oder gebrechlichen Leuten die Erziehungsberechtigten oder die sonst aufsichtspflichtigen Personen.

Welche Vorsorge-Maßnahmen sind von der Polizeibehörde dem am Unfall beteiligten körperbehinderten Radfahrer bzw. Fußgänger auferlegt worden, z. B. Verbot des Radfahrens in verkehrsreichen Straßen, Tragen des Verkehrsschutzabzeichens (gelbe Armbinde mit schwarzen Punkten), Anbringung eines Fahrtrichtungsanzeigers bei einarmigen, eines Rückspiegels bei gehörbeschädigten Personen?

III. Der Unfallort

Ausgangspunkt jeder Unfalluntersuchung ist der Unfallort.

Wo hat sich der Unfall ereignet?

Gemeindebezirk ....

Reichsautobahn Richtung ...., an der westlichen Ausfahrt nach ....

Reichsstraße Nr. von........ nach......., ...Meter nördlich km-Stein.....

Landstraße I. (II.) Ordnung von...... nach...., bei dem freistehenden Anwesen Nr........

Stadtstraße, Platz (Name):

Hauptstraße im Sinne der Vorfahrtsregelung oder nicht?

Fernverkehrstraße von.... über.... nach....

Ortsverbindungsweg von ...... nach ......

allgemeine Verkehrsstraße, Einbahnstraße (Kreisverkehr) oder innerstädtische Autobahn

innerhalb oder außerhalb der geschlossenen Ortslage (ist diese durch eine Ortstafel gekennzeichnet?)

Straßenteil: allgemeine oder Kraftfahrbahn, Fuß-, Rad-, Reitweg, Sommerweg?

Straßengabel — Einmündung — der Straße

Der Verlauf der Straßen ist nach diesen Beispielen entweder nach Himmelsrichtungen anzugeben oder nach bestimmten Anfangs-, End- oder Zwischenpunkten oder unter Verwendung beider Kennzeichnungsmöglichkeiten (z. B. von der Feldherrnhalle in nördlicher Richtung durch die Ludwigstraße nach Schwabing). Größere Plätze sind nötigenfalls nach Länge, Breite, Hauptzufahrts- und Abfahrtswegen zu beschreiben, soweit das aus der Unfallskizze nicht mit hinreichender Deutlichkeit hervorgeht. Besteht an der Unfallstelle Park- oder Aufstellungsverbot? Besteht Haltepflicht (Stoppstelle)?

Innerhalb geschlossener Ortsteile (Städte und Dörfer) begegnet darnach die Feststellung des Unfallortes keinen Schwierigkeiten. Auf der Landstraße oder der Autobahn sind Entfernungen vom nächsten Kilometerstein aus zu messen, wenn nicht eine näherliegende Örtlichkeit als Anhaltspunkt dienen kann.

Der durch öffentliche Straßen und Plätze bestimmte Unfallort erhält seine besondere Bedeutung für Entstehung und Ablauf des Unfalls noch durch die dortige Verkehrslage (s. IV), durch den Zustand der Straße und ihrer nächsten Umgebung (s. V) sowie durch etwaige am Unfallort bestehende Verkehrssicherungsmaßnahmen (s. VI). Weiter Einzelheiten siehe unter „Beschreibung" (C III, 2).

IV. Die Verkehrslage am Unfallort

Verkehrslage ist der Inbegriff aller Faktoren, die zusammenwirkend den Verkehrsablauf bestimmen. Diese Faktoren sind: Die Verkehrsdichte, die Zusammensetzung des Verkehrs, bewegliche und unbewegliche Hindernisse, Beschaffenheit und Zustand der Straße und ihrer nächsten Umgebung (s. V) und gegebenenfalls Beleuchtung und Wetter (s. VII). Die Verkehrslage ist entscheidend

a) für die Handlungen und Unterlassungen der Verkehrsteilnehmer, vor allem der Kraftfahrer in der Bewegung (s. S. 72 ff.) sowie beim Anhalten und Parken (s. S. 83),

b) für die verkehrsregelnden Anordnungen und unmittelbaren Maßnahmen der Polizei, seien es die Behörden, sei es der einzelnen Straßenbeamte und namentlich der Verkehrsposten (s. S. 55).

Ungünstige Verkehrslage beeinträchtigt die Sicht und die Geschwindigkeit des Vorwärtskommens, meist aber beide in Wechselwirkung. Unübersichtlich ist die Verkehrslage, wenn der Verkehrsteilnehmer von seinem Platz aus die auf der Fahrbahn befindlichen oder auftretenden Hindernisse nicht auf solche Entfernung wahrnehmen kann, daß er rechtzeitig in der Lage ist, langsamer zu fahren, auszuweichen oder anzuhalten.

Sichtweite und Geschwindigkeit können beschränkt werden:

a) Durch die natürliche Beschaffenheit des Weges wie geringe Breite und Verengung der Fahrbahn, Krümmungen und Kurven, Straßeneinmündungen usw.;
b) durch unbewegliche Hindernisse wie Bodenerhebungen, Hecken, Gebüsche, Baumreihen, Einfriedungen, Vorbauten, Bebauung des Straßenrandes überhaupt, ferner Plakatsäulen, Fernsprechkabinen, Brückengeländer, Verkehrssäulen, Hydranten, Lagerung von Bau- und Brennstoffen, Straßensperrungen, Aufgrabungen und sonstige Bauarbeiten; „Geschlossene Ortslage" im Sinne des § 9 StVO. als solche bildet kein besonderes Hindernis, verpflichtet jedoch allgemein zur Herabsetzung der Geschwindigkeit infolge der größeren Unfallgefahr;
c) durch die Lebhaftigkeit und Dichte des Verkehrs (verkehrsarm oder verkehrsreich), also durch die Anwesenheit anderer Verkehrsteilnehmer in größerer oder kleinerer Zahl, insbesondere durch vorausfahrende, einbiegende, überholende, entgegenkommende oder aufgestellte Fahrzeuge;
d) durch das Vorhandensein einer Straßenbahn- oder Obuslinie.

Die Verkehrslage und damit die Übersicht über die Fahrbahn ändern sich mit jedem gefahrenen Meter. Infolgedessen müssen auch Verhalten und Handeln des Verkehrsteilnehmers diesen Änderungen ständig angepaßt sein. Das Maß der Übersicht über die Fahrbahn und das Verkehrsbild sind auch verschieden, je nachdem der Führer auf dem Fahrzeug rechts oder links, hoch oder tief sitzt oder ob er neben dem Fahrzeug hergeht.

Darnach ergeben sich am Unfallort vor allem folgende Fragen:

(1) Wie breit ist die Fahrbahn an der Unfallstelle (gemessen von Gehsteig zu Gehsteig, von Grabenrand zu Grabenrand)? Verlaufen daneben Fußsteige, Reit- oder Radfahrwege? Ist die Fahrbahn von Baumreihen eingesäumt?

(2) Verläuft die Straße in gerader Richtung? Fand der Unfall an einer Krümmung, Kurve, Straßengabel bzw. Einmündung statt?

(3) Befindet sich am Unfall eine Haltestelle der Straßenbahn, einer Omnibus- oder Obuslinie, mit oder ohne Verkehrsinsel; wie lang und wie breit ist diese? Wie weit entfernt vom Gehsteig?

(4) Welche beweglichen und unbeweglichen Hindernisse haben die Sicht, welche den flüssigen Verkehr beeinträchtigt? War die Geschwindigkeit durch den Beginn der „geschlossenen Ortslage" herabzusetzen?
Einfluß der Straßenbahn auf die Verkehrslage s. S. 106 ff.

V. Der Zustand der Straße

Außer der Qualifikation der Straße nach ihrer Verkehrsbedeutung (III), der Verkehrslage (IV) und der Verkehrssicherung (VI) ist für die Beurteilung der Unfallvorgänge sowie der Schuldfrage auch der Zustand der Straße, auf der sich der Unfall ereignet hat, erfahrungsgemäß von erheblichem Einfluß. Festzustellen sind demnach:

Art der Straßendecke (unbefestigt oder Makadamstraße, geteert, flach oder gewölbt, eben oder nach einer Seite abhängend, aufgerissen oder aufgeschottert; Großpflaster, Kleinpflaster, Asphalt, aufgerauht oder nicht, Beton, Holzpflaster); befanden sich in der unbefestigten Straße tiefe

Furchen oder große Schlaglöcher? Handelt es sich um einen Sommerweg neben der befestigten Straße? Ist der Straßenbelag auf der ganzen Straßenbreite gleichartig oder ist er auf den Seiten anders als in der Mitte der Straße (unbefestigte Seitenstreifen neben der gepflasterten Fahrbahnmitte)?

Seitliche Begrenzung (Bäume, Telegraphenstangen und deren Abstand voneinander, Gebüsche, Kilometersteine, Straßengräben, Brückengeländer, Bahndamm, Wasserlauf, Böschung, Berghang);

Straßengefäll bzw. Steigung;

Einwirkung des Wetters (VII) auf den Zustand der Straße: War sie sehr staubig oder infolge von Regen- oder Tauwetter oder von kurz vorher stattgefundener Besprengung naß bzw. schmutzig, durch Laubfall schlüpfrig, war sie vereist oder mit Schnee bedeckt (Tiefe, Härte)?

Wenn es sich um eine schlechte Straße handelt und der Zustand der Straße den Unfall verursacht oder seine Folgen verschlimmert hat, tritt auch die Frage auf: Wer ist der Träger der Straßenbaulast?*) Wem obliegt darnach bei Schnee die Räum- und Streupflicht?

Beschaffenheit und Zustand der Straßendecke, Eigengewicht und Belastung des Fahrzeugs sowie der Zustand seiner Bereifung ergeben zusammen den Reibungswiderstand der Räder auf der Fahrbahn, diese zusammen mit der Bremswirkung und den persönlichen Eigenschaften des Fahrers (Körperkraft zur Bremsbetätigung sowie Reaktionszeit) die Länge des Bremsweges vom Auftauchen des Hindernisses bis zum Stillstand des Fahrzeugs. Der wirkliche Bremsweg (s. S. 74) ist also stets länger als die sichtbare Bremsstrecke.

---

*) Vgl. Ges. über die einstweilige Neuregelung des Straßenwesens und der Straßenverwaltung vom 26. März 1934, Reichsautobahnges. in der Neufg. vom 29. Mai 1941, nunmehr teilweise ersetzt durch Landesgesetze, z. B. bayr. Ges. vom 12. April 1948, GVBl. S. 62.

VI. Die Verkehrssicherung

1. Aufstellung amtlicher Verkehrszeichen

Zur Sicherung des Verkehrs sind (abgesehen von den besonderen Verkehrszeichen, die von den Besatzungsbehörden oder auf ihren Befehl angebracht worden sind) einheitliche Verkehrszeichen aufgestellt, die den früheren internationalen Vereinbarungen entsprechen. Diese Verkehrssicherung verpflichtet

a) die Verkehrspolizeibehörden die notwendigen Verkehrszeichen (Anlage 1 zur StVO.) durch die Träger der Straßenbaulast aufstellen zu lassen und ihre Wirksamkeit ständig zu überwachen; sinngemäß obliegt die Aufstellung und Überwachung von Warnkreuzen, Warnlichtern und Schranken an Eisenbahn- und Straßenbahnübergängen den betr. Verwaltungen*);

b) die Verkehrsteilnehmer diese Zeichen zu beachten (§ 3 Abs. 1, § 4 Abs. 1, § 40 Abs. 6 StVO., § 42 BOStrab., § 79 Abs. 1 EBBO.).

Ist ein Zeichen so unzweckmäßig angebracht oder (soweit sie nicht den amtlichen Mustern entspricht) von so ungewöhnlicher Art, daß der in erster Linie zur Beachtung verpflichtete Fahrer sie ohne Verschulden übersehen konnte oder übersehen hat, so liegt eine Fahrlässigkeit nicht vor. Es ist außerdem in allen Fällen, in denen die Nichtbeachtung eines Verkehrszeichens zum Entstehen des Unfalls beigetragen oder ihn allein verursacht hat, auch festzustellen, ob das Verkehrszeichen vom Standpunkt des Verkehrsteilnehmers aus, insbesondere des Kraftfahrers rechtzeitig und deutlich sichtbar (Farbe, Größe, Aufstellungswinkel und -höhe) und in seiner Bedeutung erkennbar (Zustand der Farbe, der Bilddarstellung und der etwaigen Beschriftung) ist, wieweit es von der Unfallstelle entfernt ist. Soweit der Verkehrsteilnehmer auf eine Stoppstelle zufährt, die an einer unübersichtlichen Strecke liegt, muß das Zeichen „Halt, Vorfahrt auf der

---

*) § 18 EBBO.; § 5 DVO. z. Kreuzungsgesetz v. 5. 7. 1939, RGBl. I S. 1215, § 11 BOStrab.

Hauptstraße achten!" nebst einer Entfernungsangabe schon im angemessenen Abstand vorher aufgestellt sein (Anlage 1 z. StVO. Tafel 11a).

Sicherung von Bahnübergängen s. S. 122.

2. Verkehrsregelung für Polizeibeamte *)

Den mündlichen Weisungen und den stummen, durch Armzeichen oder sonstige Hilfsmittel gegebenen Zeichen der Polizeibeamten zur Verkehrsregelung (Verkehrsposten an Straßenkreuzungen, zufällig anwesende Polizeibeamte, Bedienstete der Autobahnen, Hilfspolizeibeamte der Straßenbahnen, Zollpersonal in Grenzgebiet) ist Folge zu leisten (vgl. § 2 StVO., §§ 10, 12 ABBO., § 47 BOStrab., § 12 Abs. 2 IntVO.). Diese persönlichen Zeichen und Weisungen gehen allgemeinen Verkehrsregeln, insbesondere auch den Vorfahrtsregeln (vgl. § 13 Abs. 3 StVO.) und den durch amtliche Verkehrsschilder angezeigten örtlichen Regelungen vor, daher gegebenenfalls auch den Farbzeichen, wenn gegenüber einem selbsttätig wechselnden (automatischen) Lichtzeichen eine abweichende persönliche Anordnung erfolgt ist.

Neben den durch § 2 Abs. 2 StVO. vorgeschriebenen und in ganz bestimmter Form zu gebenden Zeichen können von den Polizeibeamten zusätzliche Zeichen gegeben werden, deren Notwendigkeit und Art sich aus der Verkehrslage ergibt. Ihre einwandfreie Erkennbarkeit ist von besonderer Bedeutung.

Ist trotz Verkehrsregelung an einer Straßenkreuzung oder -einmündung ein Unfall passiert, so erhebt sich die Frage:

1. War das Zeichen des Polizeibeamten mißverständlich oder ist es trotz der Eindeutigkeit vom Verkehrsteilnehmer nicht beachtet worden?
2. Haben Dämmerung, Nebel, Regen, Schneetreiben, ungenügende Beleuchtung Zweifel über die Bedeutung des Ver-

*) Ausführlich *Julier*: „Die stumme Anordnung" (Polizeirundschau 1948 Nr. 12 S. 151).

kehrszeichens aufkommen lassen und dadurch den Unfall hervorgerufen?
3. Welche Beobachtung haben unbeteiligte und unparteiische Zeugen hinsichtlich der Fragen 1 und 2 gemacht?

3. Verkehrssicherung bei Arbeiten auf und an öffentlichen Straßen

Die für Bauten auf öffentlichen Straßen nötigen Sicherheitsvorkehrungen bemessen sich nach Abschnitt D der Anlage 1 zur StVO. Unfälle an solchen Stellen machen es somit notwendig, einwandfrei zu klären, ob die Schutzmaßnahmen ausreichend und deutlich erkennbar waren, insbesondere ob bei Nacht oder starkem Nebel die Sperrschranken durch rotes Licht ausreichend gekennzeichnet waren. Waren auch die zusätzlich aufgestellten Warnzeichen, soweit erforderlich, beleuchtet? Hat Wind die Lichter ausgelöscht oder sind sie überhaupt nicht angebrannt worden? Haben verantwortungslose Personen die Laternen ausgelöscht, gestohlen, zerschlagen?

Für Verkehrssicherung bei Bauten an öffentlichen Straßen sind keine besonderen Bestimmungen erlassen. Jedoch gilt auch hier der allgemeine Grundsatz in § 3 Abs. 3 S. 3 StVO., wonach zur Kennzeichnung von Baustellen die für Bau und Bauausführung verantwortlichen Personen verpflichtet sind. Es ist demnach in allen hier in Betracht kommenden Fällen festzustellen:

Waren die gebotenen Sicherungen getroffen und ausreichend? Wer ist dafür strafrechtlich verantwortlich? Wer hat die vom Verantwortlichen getroffenen Maßnahmen durch mutwilligen oder böswilligen Eingriff beseitigt oder geändert?

4. Straßenbeleuchtung

Nach § 24 Abs. 1 S. 2 StVO. bedürfen abgestellte Fahrzeuge keiner Beleuchtung, wenn sie durch andere Lichtquellen ausreichend gekennzeichnet sind (s. S. 84). Nach § 33 Abs. 2 S. 2 dürfen Kraftfahrzeuge mit Standlicht fahren, wenn die Fahrbahn durch andere Lichtquellen beleuchtet ist. Als Beleuchtung dieser Art

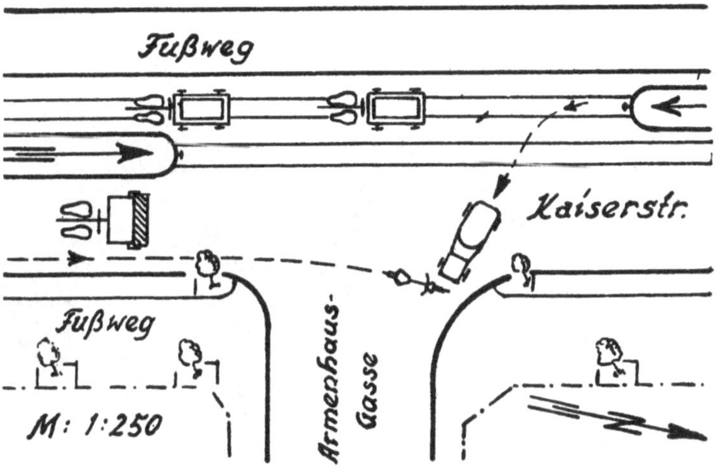

Skizze 2

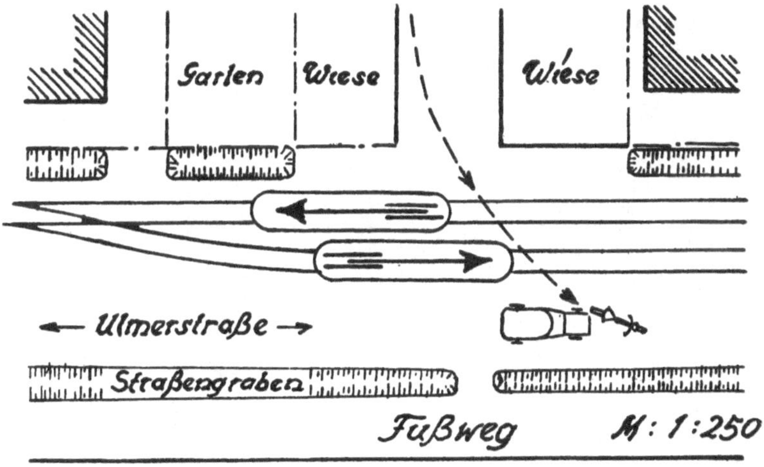

Skizze 3

Bild 7

Bild 8

kommt neben der zeitlich begrenzten Schaufenster- und Reklamebeleuchtung in Städten überall die öffentliche Straßenbeleuchtung in Frage. Sie ist für den Verkehr dann ausreichend, wenn in ihrem Lichtkegel Verkehrshindernisse rechtzeitig und deutlich erkennbar sind, so daß insbesondere der Kraftfahrer bei einer der Helligkeit angemessenen Geschwindigkeit diese Hindernisse innerhalb des Bremsweges erkennen kann. Andererseits muß aber auch die Gewähr dafür gegeben sein, daß brennende Straßenlampen nicht während der nächtlichen Aufstellung von Fahrzeugen gelöscht werden. Die zur Kenntlichmachung dieser Gefahr angebrachten Schilder und Ringe (Bild 35 und 36 der Anlage 1 zur StVO.) sind während des Krieges fast überall verschwunden und nicht mehr ersetzt worden. Damit erhöht sich die Sorgfaltspflicht des Kraftfahrers.

Es ist also bei nächtlichen Unfällen, bei denen die Beleuchtung des Fahrzeuges oder des Unfallortes in Frage steht, zu prüfen, in wieweit die eine wie die andere Beleuchtungsart oder ihr Fehlen auf den Unfall Einfluß gehabt hat. Es ist somit festzustellen: Wie ist die öffentliche Beleuchtung an der Unfallstelle (Gas, Elektrisch, Natrium-Dampflicht, Bogen- oder Mastenlampen) nach Art, Stärke und Ausdehnung des Lichtkegels? Waren aufgerissene Straßenteile, Baugruben usw. durch eigene Laternen oder durch in der Nähe befindliche Straßenbeleuchtung ausreichend gesichert? Hat der Schlagschatten dichter Bäume die Erkennung von Hindernissen, namentlich von einzelnen Personen beeinträchtigt? Als Grundsatz ist zu betrachten: Die Fahrbahn ist ausreichend beleuchtet, wenn die Fahrzeugbeleuchtung zusammen mit anderen Lichtquellen (Straßen- und Schaufensterbeleuchtung, Lichtreklamen) Verkehrshindernisse rechtzeitig und deutlich erkennen läßt.

VII. Wetter, Tages- und Jahreszeit

a) Wetter: Sonnenschein, klarer, trüber, grauer, bewölkter Himmel, Regen (schwach, stark, Gewitter, Hagelschlag,) Tauwetter, Nebel (leicht, dicht); dicht ist er nach der Rechtsprechung, wenn durch ihn natürliches oder künstliches Licht derart aufgehoben oder vermindert ist, daß die gleiche Verkehrsunsicherheit besteht wie bei Dunkelheit; dabei macht es keinen Unterschied, ob es sich um natürlichen Nebel handelt oder um die Vernebelung der Straße durch Dampf und Rauch aus Lokomotiven an schienengleichen Bahnübergängen und auf Straßen, die parallel zu den Gleisen verlaufen. Der Führer darf nicht in die Dampf- oder Rauchwolke hineinfahren, sondern muß warten, bis sie sich verzogen hat. Ferner Schneefall (schwach oder Schneegestöber, das ähnlich wirkt wie dichter Nebel, also die gleichen Vorsichtsmaßnahmen und Beschränkungen der Fahrgeschwindigkeit erfordert); Wind (schwach, stark, Sturm) und dessen Richtung im Verhältnis zu den Unfallbeteiligten (Vorder-, Rücken- oder Seitenwind).

b) Tagesstunde und Tageslicht: Volles Tageslicht, Dämmerung, Nacht (Mondhelligkeit, mondlos). Wenn der Unfall in einer Bahnunterführung stattfand, auch Unterschied zwischen der Lichtlage im Tunnel und außerhalb desselben? Besonders ungünstig ist Dämmerung, weil Farben und Formen verschieden wirken und Gegenstände, die vor dem Kraftfahrer auftauchen, sich häufig vom grauen Straßenbelag kaum unterscheiden.

c) Tageswärme (möglichst nach Wärmegraden).

Wie wirkten diese 3 Faktoren zur Zeit des Unfalls auf das Verhalten der Verkehrsteilnehmer? Wie weit war die Sicht durch Regen, Schneefall, Hagelschlag, Nebel, Dämmerung beeinträchtigt? Auf welche Entfernung waren die entgegenkommenden Verkehrsteilnehmer, sonstige Hindernisse auf der Fahrbahn, Warn- und Verbotstafeln, schienengleiche Eisenbahnübergänge, besondere Fahrkörper der Straßenbahn zu erkennen? War der Nebel plötzlich aufgetreten oder längere Zeit schon über dem Gelände gelegen? Handelt es sich um nebliges Gebiet überhaupt oder um gelegentlichen Nebel? Hat der Wind

Staubwolken aufgewirbelt, welche die Sicht beeinträchtigt haben?

War durch Staub, Regen, Schnee, Frost die Windschutzscheibe des Kraftfahrzeugs beschlagen (Scheibenwischer und dessen Wirkung? s. S. 26), waren die übrigen Verkehrsteilnehmer gezwungen, die Köpfe einzuziehen und ihre Aufmerksamkeit nach vorne gelähmt?

Waren infolge des Wetters, insbesondere von Kälte, die Fenster des Kraftfahrzeugs geschlossen, so daß der Führer Warnsignale anderer Kraftfahrzeuge, der Straßen- bzw. der Eisenbahn nicht hören konnte? War der Fußgänger, Radfahrer, Fuhrmann wegen des schlechten Wetters eingemummt, so daß er Hupensignale nicht vernehmen oder sich in ihrer Richtung täuschen konnte?

Das Wetter beeinflußt demnach den Verkehrsablauf und damit auch den Unfallablauf in der verschiedensten Weise. Je ungünstiger die Witterung ist, umsomehr muß sich insbesondere der Kraftfahrer darauf einstellen und seine Sorgfalt erhöhen. Ob das geschehen ist oder ob ein Unfall durch Außerachtlassung dieser besonderen Vorsicht hervorgerufen wurde, ist ein wesentlicher Teil der Unfalluntersuchung.

Unter den Witterungseinflüssen darf in Städten die Möglichkeit der Blendung durch den Widerschein der Straßen- und Schaufensterbeleuchtung auf dem nassen Straßenbelag oder in der vom Regen beschlagenen Windschutzscheibe des Kraftwagens nicht ohne weiteres ausgeschlossen werden. Die Nachprüfung eines derartigen Einwandes ist beim Fehlen anderer Beweise allerdings nur unter den gleichen Wetter- und Lichtverhältnissen von Erfolg, also meist nur unmittelbar nach dem Geschehnis.

Soweit über Witterung, Beleuchtung oder Tagestemperatur z. Z. des Unfalls Unklarheiten oder Meinungsverschiedenheiten bestehen, kann die Frage durch Auskunft bei den amtlichen Wetterstellen gelöst werden.

B. Der Unfall und seine Folgen

I. Unfallmöglichkeiten, Unfallfolgen

Sind alle Vorgänge und Zustände ermittelt, die — wie bisher skizziert — dem Ereignis vorausgingen, so beginnt die Untersuchung des Unfalls selbst. Der Untersuchende muß sich bei seiner ganzen Tätigkeit über zwei Punkte klar sein: Einmal darüber, daß sich die Vorgänge meist in Gedankenschnelle abspielen und sich nachträglich häufig nicht mehr in ihre Einzelheiten zerlegen lassen; zum anderen darüber, daß sich der Sachverhalt nachträglich nicht mehr mit Sicherheit feststellen läßt, falls die ersten Ermittlungen nicht mit größter Umsicht gepflogen worden sind.

Die Untersuchung beginnt mit der Feststellung des Unfallortes (s. A. III) und der Zeit des Unfalls (s. A. VII). Aus der Lage der Fahrzeuge, aus ihren Beschädigungen, aus den Rad-, Glas-, Ölspuren usw., den Beschädigungen an Häusern, Bäumen, Gaskandelabern usf. konnte sich der Untersuchungsbeamte bereits ein ungefähres Bild des Unfallablaufes machen, soweit nicht vor seinem Eintreffen wesentliche Änderungen der Tatbestandes vorgenommen worden sind (s. S. 13).

Zusammenstöße und andere Unfälle sind nicht immer nur auf Außerachtlassung von Verkehrsvorschriften zurückzuführen, sondern können auch in vorausgegangenen Maschinen- und sonstigen Schäden ihre Ursache haben, z. B. im Schleudern oder Rutschen eines Kraftfahrzeugs. Diese Vorgänge wiederum können eine Folge von Bedienungs- oder von Materialfehlern sein. Die schwerwiegendsten Materialschäden sind Federbrüche, Achsbrüche, Differentialbrüche, Versagen der Steuerung oder der Bremsen, Platzen der Reifen, bei Motorrädern Gabel-, Rahmen- oder Felgenbrüche. Wesentlich ist jedenfalls stets: Sind die genannten Schäden Unfallursache oder Unfallfolge?

Die Stellungnahme zu derartigen Materialschäden ist grundsätzlich dem technischen Sachverständigen vorbehalten. Der Polizeibeamte hat lediglich die beobachteten oder vermuteten Ursachen des Unfalls festzuhalten und dem Sachverständigen bzw. der Staatsanwaltschaft davon Kenntnis zu geben.

Die nächste Frage bei der Aufnahme des Tatbestandes befaßt sich mit den Beteiligten: Wer ist von dem Unfall betroffen (ein einzelnes Kraftfahrzeug allein, mehrere Kraftfahrzeuge, Straßenbahn, Eisenbahn, Fuhrwerke, Reiter, Radfahrer, Fußgänger, welche die Straße benutzten, Personen, welche Fahrräder, Handkarren, Handwagen, Kinderwagen usw. schoben oder zogen? Die nächste Frage ist dem Woher und Wohin des oder der Beteiligten gewidmet: Woher kamen sie, wohin wollten sie vermutlich?

Damit ist die Untersuchung zeitlich und örtlich am Ereignis selbst angelangt. Alle Möglichkeiten des Ablaufs erwägend befaßt sie sich nacheinander mit den beteiligten Personen (A II) und Fahrzeugen (A I)., mit dem objektiven Befund am Unfallort, d. h. der Verkehrslage (A IV), den Zustand der Straße (A V), der Verkehrssicherung (A VI), der Tageszeit und den Witterungseinflüssen (A VII). Ihr Zusammenspiel ergibt den Rahmen für das Verhalten der Verkehrsteilnehmer (B II—IX).

Die Schwere des Unfalls wird im allgemeinen nach dem entstandenen Schaden beurteilt, ob Personen- oder Sachschaden oder beides eingetreten ist, ob jemand getötet oder verletzt wurde: welcher Art sind die Verletzungen, welcher Art die Sachschäden? Genaue Angaben hierüber sind freilich meist nicht sofort, sondern erst später zu erbringen. Im Zeitpunkt der Tatbestandsaufnahme am Unfallort können sowohl menschliche Verletzungen als auch Sachschäden meist nur nach dem äußeren Eindruck beurteilt werden. Eine vermutete Unfallursache braucht nicht die wirkliche zu sein, wenn es sich um einen technischen Vorgang handelt, der sich erst beim Auseinandernehmen des Fahrzeugs ergibt.

Unmittelbarer Bestandteil der Erforschung von Art und Schwere der Verletzungen (s. S. 22) ist die Feststellung, wer den Verletzten die erste Hilfe geleistet hat und wohin sie gebracht wurden? Diese Fragen sind durchaus nicht nebensächlicher Natur. Denn es muß mit Versicherungsschwindel der Verletzten gerechnet werden oder mit gewaltsamer Verschlimmerung der Unfallfolgen, um damit eine möglichst hohe Entschädigung herauszuwirtschaften. Wegen baldiger Vernehmung ist die Unterbringung wissenswert, um unter dem frischen Eindruck des Vorgangs und vor Beginn von etwaigen Beeinflussungsversuchen vorgehen zu können.

II. Das Verhalten des Kraftfahrzeugführers

1. Die allgemeinen Vorsichtsmaßregeln

Für das Verhalten im Straßenverkehr gilt nach wie vor die Straßenverkehrsordnung vom 13. November 1937 (s. Anlage 3). Darnach hat insbesondere jeder Teilnehmer am Verkehr sich so zu verhalten, daß der Verkehr nicht gefährdet werden kann; er muß ferner sein Verhalten so einrichten, daß er keinen Anderen schädigt oder mehr als nach den Umständen unvermeidbar, behindert oder belästigt" (§ 1). Über diese Generalregel hinaus ist der Fahrer „zu gehöriger Vorsicht in Leitung und Bedienung seines Fahrzeugs verpflichtet" (§ 7 Abs. 3 S. 1 StVO.). In bezug auf diesen Punkt ist also nach dem Unfall u. a. festzustellen:

a) Hat der Führer die gehörige Sorgfalt in Leitung und Bedienung seines Fahrzeugs walten lassen? Er hat nicht nur die Pflicht, die Fahrbahn im Auge zu behalten, sondern auch beide Seiten derselben, gegebenenfalls unter gleichzeitiger Abminderung der Fahrgeschwindigkeit. Wurde Unaufmerksamkeit, Auslassen des Lenkrades, Anzünden von Zigaretten, Unterhaltung mit Fahrgästen (vgl. § 20 Abs. 2 BOKraft., AB zu § 43 BOStrab.), Zärtlichkeiten mit weiblichen Insassen während des Fahrens beobachtet? (s. S. 43). Hat er auf dem Führersitz neben sich Personen oder Sachen genommen, die ihn in der Leitung und Bedienung des Fahrzeugs behinderten (§ 7 Abs. 3 Satz 3 StVO.)?

Ist das Verhalten des Fahrers durch besondere Vorkommnisse beeinflußt oder abgelenkt worden: Scheuen von Pferden (ist der Fahrer hieran nicht selbst Schuld infolge übermäßigen Hupens [s. S. 69] oder rasender Fahrt), Blendung durch die Sonne, Fallen eines Schusses oder sonstige Explosion, Blitzschlag, plötzliches Versagen der Beleuchtung, Hineinspringen eines Tieres in die Fahrbahn, vorschriftswidriges, nicht voraussehbares Verhalten eines anderen Verkehrsteilnehmers usw.? Wie hat sich der Fahrer kurz vor dem Unfall benommen? Hat er die Geistesgegenwart verloren und durch planlose Handlungen, z. B. wiederholte Änderung der Fahrtrichtung, Gebung falscher Richtungszeichen den Unfall herbeigeführt?

Zur Führersorgfalt gehört im besonderen auch die Beachtung der Zeichen und Weisungen — Armzeichen und Lichtsignale — der Polizeibeamten nach § 2 StVO (s. S. 55). Waren die Zeichen erkennbar und eindeutig? Was sagen darüber unbeteiligte Zeugen?

Handelte es sich um eine Übungs- oder Prüfungsfahrt, so geht die Grundfrage dahin: Hat der Fahrlehrer den Schüler entsprechend beaufsichtigt und beaufsichtigen können? Hat er auf dessen Tätigkeit zur Unfallverhütung eingewirkt durch mündliche Anweisung (Zuruf) oder durch eigene Bedienung des Lenkrades oder der Bremsen? Bei Unfällen von Motorradschülern ist ausschlaggebend: Wo befand sich der Fahrlehrer im Augenblick des Unfalles, welchen Einfluß konnte er auf den Schüler nehmen, welchen hat er genommen?

b) Benutzung der Fahrbahn: Hat der Kraftfahrer zum Fahren, Parken, Halten den für ihn bestimmten Teil der Straße — Fahrbahn — benutzt? Was hat ihn veranlaßt, von der Vorschrift (§ 8 Abs. 1 und 4 StVO.) abzuweichen? Zustand der Straße s. S. 52. War ihre Unbenutzbarkeit derart, daß ein Abweichen von den Verkehrsregeln (s. S. 91) gerechtfertigt war? War die Straße oder der Straßenteil für eines der beteiligten Fahrzeuge überhaupt verboten (z. B. Einbahnverkehr, Rad-, Reit- und Fußwege für Kraftfahrzeuge und Fuhrwerke; vgl. § 4 Abs. 1, § 3 Abs. 1 StVO.)? Waren entsprechende Gebots- oder Verbotszeichen angebracht und erkennbar? Warum wurde die gesperrte Straße trotzdem benutzt? Lag eine Ausnahme nach § 46 StVO. vor?

c) Wer seine Richtung ändern oder anhalten will, hat dies anderen Verkehrsteilnehmern anzuzeigen (§ 11 StVO.), und zwar so rechtzeitig und genügend lang, daß sich der übrige Verkehr darnach richten kann, ferner so deutlich und unmißverständlich, daß die Zeichen nicht verwirrend oder verkehrsgefährdend wirken. Richtungsänderung liegt vor:

(1) Beim Einbiegen in eine andere Straße oder von der Straße auf ein Grundstück, und zwar sowohl auf der Fahrt als auch aus dem Halt;
(2) beim Wechsel der Straßenseite (nach links zum Anhalten, nach rechts zur Weiterfahrt aus dem Linksanhalten, soweit dies nach § 15 Abs. 2 und 3 StVO. ausnahmsweise zulässig ist);
(3) bei Ausfahrt aus einem Grundstück auf die Straße (§ 17 StVO.);
(4) beim Wenden auf der Stelle.

Fahrtrichtungszeichen beim Kreisverkehr s. Abs. (7) der DA. zu § 8 StVO. Kraftfahrzeuge brauchen zur Anzeige der Richtungsänderung Fahrtrichtungsanzeiger*) und Bremslichter (s. S. 29). Wo diese fehlen oder nicht funktionieren, müssen Armzeichen gegeben und erhöhte Vorsicht angewandt werden. Als Armzeichen haben sich eingebürgert für das Anhalten: Das Hochstrecken, für das Einbiegen und Wenden: Waagrechthalten des Armes, einer Winkscheibe oder der Peitsche in der Richtung des Wechsels.

Es ist also zu ermitteln:

Wurden Fahrtrichtungszeichen gegeben, wie und an welcher Stelle? Sind Winker vorhanden, sind sie von rückwärts er-

---

*) Die Erleichterung in VO. vom 28. Januar 1944 (RGBl. I, S. 48) blieb in der Annahme ihrer allmählichen Außerkraftsetzung unberücksichtigt.

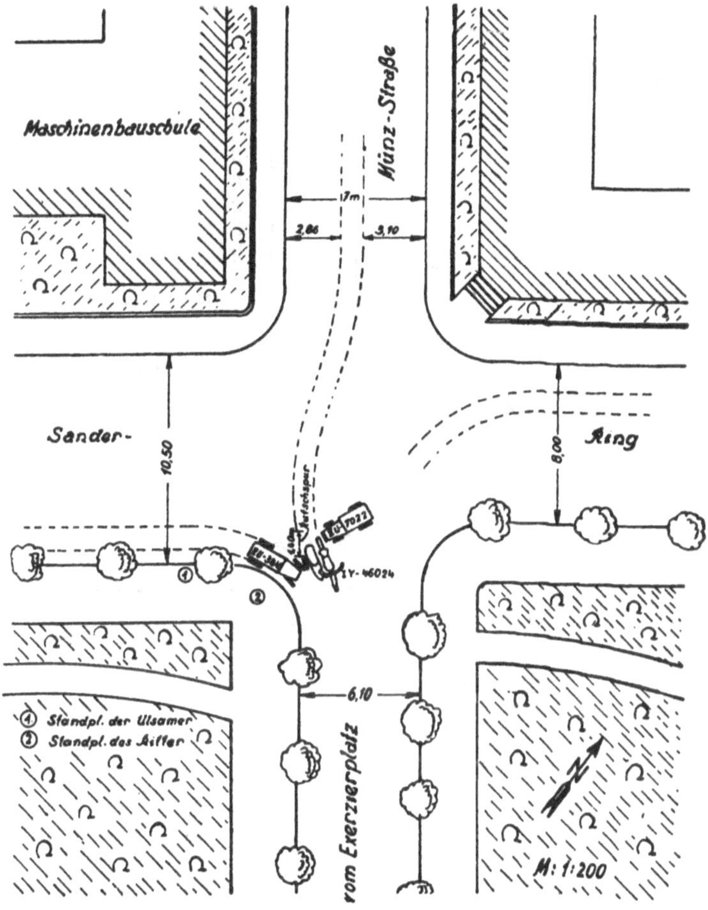
Maschinenbauschule
Münz-Straße
17m
2,86
3,10
Sander-
10,50
Ring
8,00
Rutschspur
6,10
vom Exerzierplatz
Standpl. der Ulsamer
M: 1:200

Skizze 4

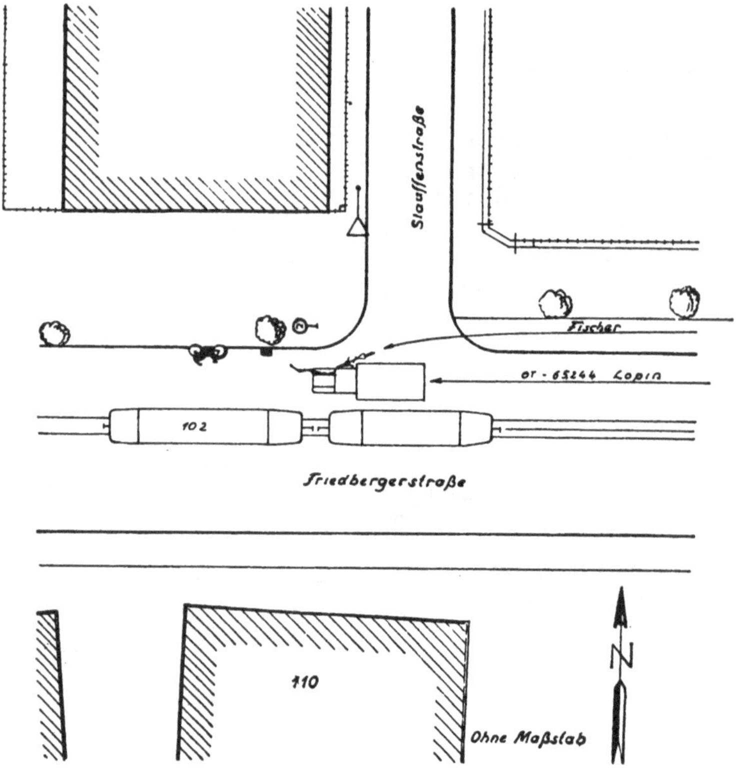

Stauffenstraße
Fischer
OT - 65244 Lopin
102
Friedbergerstraße
110
Ohne Maßstab
N

Skizze 4

kennbar? Hat der Führer beim Fehlen oder Aussetzen der Winker rechtzeitig und deutlich Handzeichen gegeben und wie lange? Hat der Fahrer das Zeichen selbst gegeben oder ein Fahrgast bzw. der Beifahrer? Haben die gewarnten Verkehrsteilnehmer das Zeichen beobachtet oder warum nicht? Waren die Zeichen bei Nacht, Nebel bzw. Dämmerung erkennbar?

d) Wurden beim Herannahen des Fahrzeugs Warnzeichen (Hupenzeichen, bei Dunkelheit Leuchtzeichen durch kurzes Aufblenden der Scheinwerfer) gegeben, in welchem Umfang und an welcher Stelle (§ 12 StVO.)? Zeitpunkt und Maß der Hupenzeichen richten sich nach der Entfernung vom gefährdeten Objekt, der Geschwindigkeit der Fortbewegung und der Verkehrslage. Wurden die Warnzeichen gehört? Wurden Hupensignale durch Sturm oder Gegenwind, Leuchtzeichen durch Nebel unwirksam? Oder war die Hupe nicht gebrauchsfähig (vgl. § 55 StVZO.)? Wurde ein verletzter Fußgänger durch plötzliches starkes Hupen, wurden Tiere erschreckt?

Beim Fahren durch Nebel (s. S. 60) sind Hupensignale besonders wichtig.

e) War die Ladung vorschriftsmäßig verteilt, verwahrt oder befestigt (§ 19 StVO.)? Wie ist der Laderaum des LKW.: Offen, geschlossen (Kasten oder Segeltuchverschluß), Bordbretter (Höhe?); sind die Bordwände behelfsmäßig erhöht? Haben die Lasten die Wagenbrücke seitlich überragt, wie weit? Waren am hinteren Ende des Fahrzeugs herausragende Ladungen an den Enden gemäß Abs. 3 aaO. genügend kenntlich gemacht? Waren die roten Sicherheitslaternen verschmutzt, zerstört oder ungünstig aufgehängt und dadurch wirkungslos? Wer hat die Ladung vorgenommen? Hat sich der Führer von der Vorschriftsmäßigkeit der Ladung selbst überzeugt (vgl. § 7 Abs. 1 StVO.), die vor anderen Personen vorgenommen worden ist? Haben Personen im Führerhaus oder die Ladung den Führer in seiner Tätigkeit behindert (vgl. § 7 Abs. 3 S. 3 StVO., § 26 BOKraft,)? Waren durch die Verkehrspolizeibehörde Erleichterungen in bezug auf die Maße von Fahrzeug und Ladung zugestanden (§ 46 Abs. 2 StVO.)? Die Ladung ist vorschriftsmäßig, wenn ihr Gewicht den §§ 34, 42 StVO., ihre Sicherung dem § 19 StVO. entspricht. Welches Gewicht hatte die Ladung? War die zulässige Belastung überschritten (§§ 34, 63 Abs. 1 StVZO.)? Die Frage gilt sowohl für die Personenzahl als auch für die Ladung von Sachen auf Kraftwagen und Anhängern (§ 34 StVO., §§ 34, 12 StVZO., § 26 BOKraft.).

Bild 3 und 4, Mangelhafte Sicherung und deshalb Abrutschen einer schweren Versandkiste; Fußgänger getötet

Die Feststellung von Überschreitungen des Ladegewichts kann in folgender Weise geschehen:

aa) Der Polizeibeamte rechnet das in den Ladepapieren aufgezeichnete Gewicht des Beförderungsgutes mit dem im Kraftfahrzeugschein bzw. auf dem Fabrikschild (für Anhänger auf dem Zulassungszeichen) vermerkten Eigengewicht zusammen und ermittelt auf diese Weise Achsdrücke und Gesamtgewicht. Bestehen Zweifel an der Richtigkeit der Ladepapiere, so sind die Fahrzeuge, wenn sie noch fahrbar sind, auf eine Waage oder einen Achsdruckmesser zu bringen (vgl. § 34 Abs. 3 StVZO.).

bb) Bei Stückgut kann häufig das Gewicht durch Zählung der Güter festgestellt werden. Der Sack Mehl oder Getreide wiegt in der Regel 2 Ztr., Bier in Fässern von 100 l ungefähr 150 kg. Die Raumgewichte von Schüttgütern betragen für 1 cbm ungefähr:

Kies	2,0 t	Kohlen	0,8 t
trockener Sand	1,6 t	Koks	0,5 t
nasser Sand	2,0 t	Granitsteine . .	2,7 t

Von Backsteinen und Dachziegeln kann ein Stück in einem in der Nähe befindlichen Geschäft gewogen und meist auf diese Weise das Gewicht der Ladung ermittelt werden.

Überladungen machen sich bei leichter gebauten Lastkraftwagen (und bei Fuhrwerken) dadurch bemerkbar, daß die Wagenfedern übermäßig niedergedrückt sind, daß die Wagenbrücke auf den Rädern aufsitzt oder sich nach einer Seite neigt oder daß das Fahrzeug schon bei geringen Steigungen nicht mehr vorwärts kommt.

f) Beleuchtungspflicht § 24 StVO: Die Beleuchtungszeit ist nicht nach Stunden bemessen, entscheidend sind vielmehr die tatsächlichen Lichtverhältnisse, wofür das Einschalten der öffentlichen Straßenbeleuchtung (s. A VI 4) einen Anhaltspunkt geben kann.

Hat der Fahrer vorschriftsmäßige Beleuchtung eingeschaltet, so daß im Stand die seitliche Begrenzung und das Ende des Fahrzeugs erkennbar sind (Auffahren auf stehende Fahrzeuge!)? Waren vorschriftsmäßige Scheinwerfer angebracht (s. S. 28) und in Betrieb oder am Kraftfahrzeug nur einer und welcher (Abblenden übers Kreuz)? Hatten die Scheinwerfer verschiedene Helligkeit und ist dadurch der Unfall verursacht worden? War sonst die Beleuchtung ausreichend? Fuhr das Fahrzeug mit Fernlicht oder Stadt- (Abblend-) Licht? Mit Standlicht darf gefahren werden, wenn man unter Berücksichtigung der Ortsbeleuchtung bei angemessener Geschwindigkeit jede Gefahr rechtzeitig erkennen kann.

Sind Beleuchtungsmängel, die für den Unfall ursächlich waren oder sein konnten, unterwegs eingetreten? Warum wurden sie nicht beseitigt? Hat der Kraftfahrer bei verminderter Beleuchtung auch seine Geschwindigkeit herabgesetzt und seine Vorsicht erhöht?

Der Beleuchtungspflicht stehen gegenüber die Abblendpflicht (§ 33 Abs. 1 StVO.) und das Blendverbot (§ 24 Abs. 3 StVO.)

Hinsichtlich der Abblendung ist folgendes zu beachten: Beim Begegnen mit anderen Fahrzeugen müssen alle Fahrbahnlampen, von denen eine Blendwirkung zu befürchten ist, rechtzeitig abgeblendet werden. Eine Begegnung beginnt nicht erst dann, wenn die Fahrzeuge in gleicher Höhe angelangt sind und unmittelbar aneinander vorbeifahren; Sinn und Zweck der Vorschrift verlangen vielmehr, daß schon in dem

Augenblick abgeblendet wird, in welchem die unmittelbare Strahlenwirkung der Scheinwerfer für das entgegenkommende Fahrzeug beginnt. Auch nicht stark wirkende Scheinwerfer müssen abgeblendet werden, wenn durch sie entgegenkommende Wegebenutzer geblendet werden. Es ist also zu erforschen: Welches der sich begegnenden Fahrzeuge hat geblendet? Wann konnten sich die Fahrzeuge beobachten, um die Abblendung rechtzeitig herbeiführen zu können. Abblendpflicht besteht u. a. auch gegenüber dem Lokomotivpersonal an Eisenbahnübergängen sowie auf Straßen, die parallel zum Bahnkörper verlaufen.

Ist der Fahrer durch ein entgegenkommendes Fahrzeug geblendet, so darf er erst weiterfahren, wenn die Blindsekunde, d. h. die durch die Blendung verursachte Beeinträchtigung seiner Sehschärfe wieder behoben ist.

2. Die Bewegungen im Verkehr

a) Welche Geschwindigkeit hatte das Kraftfahrzeug? Ist für die Unfallstelle oder das Fahrzeug eine Höchstgeschwindigkeit vorgeschrieben (§ 9 StVO., § 58 StVZO.)?* Die Einhaltung vorgeschriebener Höchstgrenzen ist jedoch allein noch kein Beweis für die Wahrung der Sorgfaltspflicht durch den Fahrer. Wesentlich ist, daß er jederzeit in der Lage sein muß, seinen Verpflichtungen Genüge zu leisten und das Fahrzeug nötigenfalls rechtzeitig anzuhalten. Das gilt besonders an unübersichtlichen Stellen (s. S. 51) und an Eisenbahnübergängen in Schienenhöhe (s. S. 121). Mäßige Geschwindigkeit zur Ermöglichung des sofortigen Anhaltens ist ausdrücklich vorgeschrieben, wenn in eine Hauptstraße (§ 13 StVO.) eingebogen oder deren flüssiger Verkehr überquert werden will, sofern dort nicht schon ein Stoppgebot besteht. Für das Vorbeifahren an Straßen-

*) Sofern weitergehende Besatzungsanordnungen bestehen (z. B. für die US.-Zone-VO Nr. 9, abgedruckt bayer. GVBl 1947 S. 90), sind diese maßgebend.

bahnhaltestellen gilt § 9 Abs. 4 StVO. (s. S. 83). Zulässig ist im übrigen jede Geschwindigkeit, bei welcher der Bremsweg (zuzüglich der Reaktionsfrist) nicht länger ist als die übersehbare Strecke der Fahrbahn. Der Führer darf demnach so rasch fahren, daß er unter Berücksichtigung von

Verkehrslage (A III und IV);
Beschaffenheit und Zustand der Straße (A V);
Wetter, Tages- und Jahreszeit (A VI);
Beschaffenheit und Zustand des Fahrzeugs, insbesondere von Gewicht, Reifenzustand, Bremswirkung (A I);
eigener körperlicher Verfassung, Fahrfertigkeit, Vertrautheit mit dem Fahrzeug (A II);
örtlichen Geschwindigkeitsbeschränkungen (A VI, 1)

beim Auftreten eines Hindernisses noch rechtzeitig in der Lage ist, zu bremsen, auszuweichen, Warnsignale zu geben, die Vorfahrtsbefugnis des Anderen zu achten, nötigenfalls anzuhalten. Die Sorgfalt muß um so größer sein, je mehr Umstände zusammentreffen, welche die Geschwindigkeit beeinträchtigen. Das gilt insbesondere bei Verringerung der Sicht, durch Nebel, schlechtes Wetter oder Dunkelheit. Zu diesen allgemeinen Gesichtspunkten kommen bei Nacht

Reichweite der Laternen, Breite ihres Lichtkegels, besonders bei abgeblendetem Licht;
Breite der Fahrbahn und ihre seitliche Begrenzung;
die erhöhte Gefahr des plötzlichen Auftauchens von Hindernissen aus dem seitlichen Dunkel sowie an Einmündungen, Kurven und Krümmungen der Straße;
die erhöhte Inanspruchnahme des Kraftfahrers in der Beobachtung der Fahrbahn und ihrer Umgebung;
die Gefahr der Täuschung von Gesicht und Gehör;
Blendung durch entgegenkommende Fahrzeuge, durch Straßen- und Schaufensterbeleuchtung oder nasses Straßenpflaster;
einseitige Beleuchtung entgegenkommender Kraftwagen und Beiwagenräder infolge des Ausfalls von Schein-

werfern und der Begrenzungslampen wegen Mangels an Glühkörpern;

fehlende oder nur rechtsseitige statt linksseitiger Schlußlichter bei Überholung vorausfahrender Fahrzeuge;

unzulängliche Ortsbeleuchtung als Folge des Luftkrieges.

Daraus ergeben sich für fast alle Straßenverkehrsunfälle folgende Grundfragen:

(1) An welcher Stelle hat der Kraftfahrer das Hindernis beobachtet? Welche Maßnahmen hat er unter Berücksichtigung der Gesamtlage ergriffen, zu welchem Zeitpunkt, an welcher Stelle? Wo kam das Fahrzeug zum Stehen?

(2) Welche Maßnahmen, die nach der Lage erforderlich waren oder sein konnten, hat er unterlassen und warum?

(3) Wie wurden die Bremsen betätigt, Hand- oder Fußbremse oder beide gleichzeitig? Krümmungen der Fahrspur vor der Unfallstelle deuten auf Ausweichversuche oder auf Unsicherheit des Führers.

War die Handbremse bei Ankunft des Beamten noch angezogen, wer hat sie gelöst und warum? Wenn der Polizeibeamte nicht fahrkundig ist und nicht selbst beurteilen kann, welcher Gang eingeschaltet war, so befinden sich doch häufig unter den Zuschauern Leute mit Führerschein oder Kraftfahrzeugmechaniker, die verlässige Auskunft geben können.

(4) Hat er Gas weggenommen; hat er Gas- und Bremspedal verwechselt? War die einzelne Maßnahme (Auskuppeln, Bremsen) im betreffenden Fall (Bergfahrt, Talfahrt, Fahrt auf ebenem Gelände, auf vereister oder nasser Straße) vermutlich falsch, z. B. plötzliches scharfes Bremsen?

(5) War der Führer beim plötzlichen Auftreten der Gefahr erschreckt, so daß sich das Ausweichen oder Bremsen erheblich verzögerte (die sog. Schrecksekunde ist bekanntlich nicht eine Frist von 1 Sekunde, sondern die Zeit — Reaktionszeit (s. S. 36) —, die der Kraftfahrer braucht vom Auftauchen des Hindernisses bis zum Beginn der Ausweichtätig-

keit bzw. der Bremsbetätigung. Sie dauert je — „nach der Länge der Leitung“ — ½ bis 2 Sekunden. Nicht die Länge der Bremsspur (s. S. 137), von der Hinterachse des haltenden Fahrzeugs aus gerechnet, sondern Weg während der Schrecksekunde + tatsächlichem Bremsweg ergeben erst die Zeit, innerhalb deren ein Kraftfahrzeug zum Stillstand gelangt ist.

Verminderung der Geschwindigkeit und Anhalten durch Bremsen erzeugt Brems- und Blockierspuren (s. 2. Teil C S. 138). Ihre sachgemäße Auswertung bildet einen wesentlichen Anhaltspunkt für die unmittelbar vor dem Unfall eingehaltene Geschwindigkeit. Sie sind jedoch für sich allein kein unbedingter Maßstab für die Schuld des Kraftfahrers.

Wo Bremsspuren fehlen (z. B. auf nassem Pflaster, vereister Straße, bei abgenutzten Reifen) muß auf Grund der Aussagen des beschuldigten Fahrers und von Unfallzeugen trotzdem versucht werden, ein Bild der Geschwindigkeit vor dem Unfall annähernd zu bekommen.

Bei Schätzung der Geschwindigkeit ist jedoch zu beachten, daß eine Reihe von Einflüssen Anlaß zu Fehlschätzungen gibt. Die Höhe der geschätzten Geschwindigkeit hängt sehr stark von der Bauart und Größe des Kraftwagens ab, dem verursachten Geräusch, der Entfernung, aus der die Beobachtung gemacht wurde, aus den örtlichen Verhältnissen (Straßenbreite, Bebauungsart; hohe oder niedrige, eng zusammen- oder weit auseinandergebaute Häuser), der Dichte des Verkehrs, der Beschaffenheit der Fahrbahn. Alle diese Fehlerquellen müssen bei der Vernehmung von Zeugen sowie bei Versuchsfahrten berücksichtigt werden. Die Bedingungen, unter denen eine Probefahrt stattfindet, müssen stets die gleichen sein wie bei der Unglücksfahrt selbst.

Skizze 1 und Bild 5, Auffahren eines ungeübten Fahrers auf den Fußsteig infolge übermäßiger Geschwindigkeit bei der Talfahrt.

b) Fahrspuren (s. S. 136) ergeben sich nicht nur beim Abbremsen der Geschwindigkeit, sondern unter günstigen Voraussetzungen auch bei der unbehinderten Vorwärtsbewegung. Soweit nicht besondere Umstände entgegenstehen (s. „Abweichen von den Verkehrsregeln“, S. 88) haben Fahrzeuge dabei rechts zu fahren, d. h. auf der rechten Fahrbahnhälfte rechts. Die linke Seite darf regelmäßig nur zum Überholen benutzt werden. Führer langsam fahrender Fahrzeuge (langsam fahrende Schlepper, Fuhrwerke, Handwagen, geschobene Fahrräder) haben stets die äußerste rechte Seite der Fahrbahn einzuhalten, auf unübersichtlichen Strecken (s. S. 51) gilt diese Verpflichtung für alle Fahrzeugführer (§ 8 Abs. 2 StVO,); Fahren auf getrennten Fahrbahnen s. Abs. 4 und 5 aaO.

Ist der Kraftfahrer auf der rechten Seite der Fahrbahn rechts gefahren, wie weit vom Fußsteig- oder Grabenrand entfernt? Wenn er vorschriftswidrig links gefahren ist: Haben ihn dazu zwingende Gründe veranlaßt?

Bild 6, Tatbestandsrekonstruktion mehrere Wochen nach dem Unfall Zusammenstoß in unübersichtlicher Kurve infolge Fahrens auf der linken Straßenseite mit zu hoher Geschwindigkeit und Unterlassung der Warnung, vermutlich infolge Alkoholisierung nicht nur des getöteten, sondern auch des am Leben gebliebenen Fahrers, Blutproben nicht genommen. Lichtbildaufnahmen auf Grund der Zeugenangaben und der unmittelbar nach dem Unfall festgestellten Blutlachen, sonstige Spuren wurden von den Neugierigen zertrampelt Die Fahrräder ersetzen die beteiligten Krafträder.

c) Wie ist beim Einbiegen in eine andere Straße die Wendung genommen worden? Vorschrift ist (§ 8 Abs. 3 StVO.) kurzer Bogen nach rechts, weiter Bogen nach links! Beim Einbiegen nach links ist der Bogen weit genug, wenn die für den Einbiegenden linke Straßenseite in der Kurve für entgegenkommende Fahrzeuge freibleibt.

Handelt es sich um ein Fahrzeug mit langer Ladung (z. B. Langholzfuhren), so ist in der Regel die Einhaltung der Vorschriften aus technischen Gründen nicht möglich. Sonstiges Abweichen von den Verkehrsregeln s. S. 80.

Ist der Unfall dadurch entstanden, daß der Fahrer es unterlassen hat, sein Fahrzeug vor dem Einbiegen möglichst weit rechts bzw. links in die Fahrkolonne einzuordnen (Satz 2 a. a. O.)?

Kreisverkehr siehe DA. (7) zu § 8 StVO..

Skizze 2, Da der in die Armenhausgasse in kurzer Wendung nach links einbiegende PKW. die Fahrbahn des geradeausfahrenden Kraftrades schnitt, mußte dessen Fahrer aufs stärkste bremsen Dadurch löste sich der hintere Radreifen, der Fahrer wurde auf den Fußsteig geschleudert. (S S. 57).
Skizze 3, Schneiden der Linkskurve und Vorfahren vor der Straßenbahn Der PKW., der sich auf der Hauptstraße außerhalb des geschlossenen Ortsteils befand, durfte grundsätzlich unbeschränkte Geschwindigkeit anwenden und rechnete nicht mit dem Auftauchen des Motorrades (S. S. 57).

d) Sind die Ausweichregeln (§ 10 Abs. 1 S. 1, Abs. 2—4 StVO.) eingehalten worden? Sie gelten gegenüber allen anderen Verkehrsteilnehmern einschließlich der Fußgänger. Ist ein Zusammenstoß erfolgt, weil das Ausweichgebot zu spät oder nicht genügend erfüllt worden ist? Warum hat keiner der Fahrzeugführer angehalten, um entweder am Straßenrand den Anderen gefahrlos vorbeifahren zu lassen oder um selbst umzukehren? Welchem der Fahrzeuge war nach den örtlichen Verhältnissen, der Verkehrsbedeutung und Größe des Fahrzeugs oder der technischen Möglichkeit am ehesten zuzumuten, zurückzustoßen oder zu wenden?

Lag ein besonderer Grund vor, regelwidrig nach links auszuweichen (z. B. wegen Entgegenkommens einer größeren Zahl von Fußgängern, vorschriftswidrigen Verhaltens des anderen Fahrzeugführers, unbeweglicher Hindernisse auf der rechten Straßenseite wie Schotterhaufen, Aufgrabungen, Baugerüste usw.)? Haben sich die beiden Fahrzeugführer durch Zeichen verständigt, daß der vorschriftswidrig Fahrende links bleiben will und damit auch der Andere links fahren soll? War erkennbar, daß der Linksfahrende im letzten Augenblick doch noch nach rechts ausweichen würde, obwohl sich der Andere bereits nach links gewandt hat und deswegen der Zusammenstoß erfolgte?

e) Für das Überholen gelten folgende Grundsätze in § 10 StVO. (soweit nicht anders angegeben):*)

(a) Es ist links zu überholen (Abs. 1 S. 1);

*) Tabellen zur Berechnung der Überholungszeit und des Überholungsweges hier einzuschalten erscheint entbehrlich, da nach Unfällen zuverlässige Unterlagen über die gefahrenen Geschwindigkeiten in Regel fehlen, so daß sie zur Entscheidung über die Schuldfrage nicht herangezogen werden können.

(b) an unübersichtlichen Straßenstellen ist das Überholen verboten (Abs. 1 S. 3);

(c) Schienenfahrzeuge sind rechts zu überholen; wenn der bauliche Raum zwischen Schienenfahrzeug und Fahrbahnrand dies nicht zuläßt, darf links überholt werden (Abs. 4 S. 1 und 2);

(d) während des Überholens dürfen die Führer eingeholter Fahrzeuge ihre Geschwindigkeit nicht erhöhen (Abs. 1 S. 2);

(e) zum Überholen darf die linke Hälfte der Fahrbahn benutzt werden (§ 8 Abs. 2 S. 1), ausgenommen auf den Reichsautobahnen; hier dient zur Überholung die linke Hälfte des rechten Fahrbahnstreifens, nach links begrenzt durch den Rasenstreifen der Autobahnmitte;

(f) die Vorschriften unter a), b), d) und e) gelten auch für Einbahnstraßen; Schienenfahrzeuge dürfen dort rechts oder links überholt werden (Abs. 4 S. 3);

(g) jeder nur für eine Verkehrsart bestimmte Weg und jede unbefestigte Fahrbahn neben einer befestigten (Sommerweg) gelten beim Überholen als selbständige Straßen (Abs. 3);

(h) die Absicht des Überholens darf durch Warnzeichen kundgegeben werden (§ 12 Abs. 1 S. 3);

(i) Ausnahmen für Fahrzeuge der Straßenreinigung und Straßenunterhaltung zulässig nach § 46 Abs. 1 StVO., für Polizei und Feuerwehr im Rahmen des § 48 Abs. 1 StVO..

Wurden die zwingenden Vorschriften unter a) bis d), f) und g) beachtet, evtl. warum nicht? Konnte der Überholende bei Beginn des Vorgangs damit rechnen, daß er die Überholung gefahrlos ausführen kann? Mit welcher Geschwindigkeit ist er vorgefahren? Hat der zu Überholende während der Überholung seine Geschwindigkeit verbotswidrig erhöht und dadurch den Unfall verursacht? Ist er während der Überholung nach links gefahren anstatt nach rechts auszuweichen oder wenigstens rechts zu bleiben? Hat er die Überholungsabsicht überhaupt bemerkt oder bemerken können aus Überholungssignalen, Scheinwerferlicht, Blick in den Rückspiegel oder unmittelbar nach hinten, Hinweise durch Wageninsassen?

Bei der Überholung soll der Führer möglichst rasch vorfahren, wenn die Verkehrssicherheit nicht beeinträchtigt wird und der Überholende über die nötige Fahrsicherheit verfügt. Hat der Führer lange Übung besessen oder nicht? Warum hat er nicht auf Überholung verzichtet, bis sie gefahrlos geschehen konnte? War der körperliche und geistige Zustand des Fahrers derart, daß er Überholung gar nicht wagen durfte?

Hat der Überholende rechtzeitig Warnzeichen gegeben? Auf welcher Seite hat die Überholung stattgefunden, vorschriftsmäßig links oder regelwidrig rechts? Warum ist der Überholende von der Vorschrift (oben a) und c)) abgewichen? Welche besonderen Umstände (s. S. 88) haben ihn dazu veranlaßt oder gar bloße Bequemlichkeit? Konnte er sich zu der vorgenommenen Abweichung nach der Verkehrslage für berechtigt halten? Hat er die besondere Sorgfalt beachtet, die beim Abweichen von der Regel unbedingt erforderlich ist?

In welchem seitlichen Abstand hat die Überholung stattgefunden? Es gibt dafür keinen allgemein gültigen Maßstab. Entscheidend ist der Grundsatz des § 1 StVO. sowie die Überholungsgeschwindigkeit. Überholung ist verboten, wenn körperliche Berührung droht, wenn der Abstand so gering ist, daß der Eingeholte unsicher oder aus seiner Fahrbahn gedrängt wird.

Ist der Überholende lange und weit genug ausgebogen? Warum hat er so früh nach rechts eingeschlagen, daß er das überholte Fahrzeug noch streifte? Hat er noch zu überholen versucht, als der Vorausfahrende schon das Zeichen zum Abbiegen nach links gegeben hat? Hat er zu früh wieder nach rechts eingeschlagen? Ist er an einer unübersichtlichen oder verengten Stelle (s. S. 51) vorgefahren? Hat er sich rechtzeitig überzeugt, daß ihm nicht auf verengter Fahrbahn ein Fahrzeug entgegenkommt?

Bild 7, Unvorsichtige Überholung. Das rechte Hinterrad des überholenden PKW. fuhr gegen das linke Vorderrad des überholten LKW., der infolge Beschädigung der Lenkung umfiel. Deutlich sichtbare Blockierspuren. (S. S. 58).
Skizze 5, Tötung einer Radfahrerin durch LKW. beim Versuch, diese und gleichzeitig die Straßenbahn zu überholen. Darstellung auf Grund der Zeugenaussagen. (S. S. 68).

f) Welches Fahrzeug hatte die Vorfahrt (§ 13 StVO.), d. h. die Befugnis vor einem anderen Fahrzeug in eine Straße einzubiegen oder eine Straße zu überqueren; nicht zu verwechseln mit dem „Vorfahren", d. i. die Überholung eines Fahrzeugs in der gleichen Richtung. Die Vorfahrt steht bei ungefähr gleicher Entfernung vom Schnitt- oder Berührungspunkt der Fahrlinien dem zu:
(a) der aus einer Straße (nicht aus einem Grundstück) von rechts kommt;
(b) der sich auf der Hauptstraße befindet oder in diese einbiegen will;
(c) Schienenfahrzeugen vor allen anderen Verkehrsteilnehmern (§ 13 Abs. 6);*)
(d) Kraftfahrzeugen vor allen nichtmotorischen Verkehrsteilnehmern (§ 13 Abs. 2 S. 1).
Das gleiche gilt beim Überqueren einer Hauptstraße.

Ein Vorfahrtfall liegt nicht nur dann vor, wenn zwei Fahrzeuge im gleichen Augenblick gleich weit vom Schnittpunkt ihrer Fahrtlinien entfernt sind, sondern auch dann, wenn das eine zwar einen gewissen Vorsprung hat, infolge der Verschiedenheit der Geschwindigkeiten aber die Gefahr eines Zusammenstoßes besteht. Dem Nachfahrtspflichtigen steht kein Recht zu, die Vorfahrtsbefugnis eines anderen deshalb zu schmälern, weil dieser später an die Einfahrt gelangt ist. Nur dann, wenn der zur Einräumung der Vorfahrt Verpflichtete vor dem an sich Vorfahrtsbefugten einen so klaren Vorsprung hat, daß er bei Anwendung der erforderlichen Sorgfalt nach dem gewöhnlichen Lauf der Dinge gewiß sein darf, die Kreuzung noch vor dem Anderen Überqueren zu können, liegt ein Vorfahrtsfall nicht vor.

*) Die Frage, ob der im Krieg eingefügte Abs. 6 noch gilt, ist umstritten. Hier wird Geltung unterstellt.

Bei Zusammenstößen durch Verletzung der Vorfahrtsbestimmungen ergeben sich somit folgende Fragen:

(1) Wem stand prima facie, d. h. nach dem ersten Eindruck die Vorfahrt zu?

(2) Welche Umstände machten diese Vorfahrtbefugnis zweifelhaft (geringere Entfernung oder höhere Geschwindigkeit des Nachfahrtpflichtigen oder beides zusammen)? Wurden Entfernung und Geschwindigkeit von den um die Vorfahrt Streitenden falsch geschätzt?

(3) Hat der Nachfahrtpflichtige seine Geschwindigkeit so vermindert, daß der zur Vorfahrt Befugte von seinem Recht Gebrauch machen konnte? Hat der Bevorrechtigte aus Zweifel über seine Befugnis gezögert und so beim Nachfahrtspflichtigen die Meinung aufkommen lassen, er wolle auf seine Vorfahrt verzichten?

(4) Wurde durch Zeichen eine Vereinbarung über die Ausübung der Vorfahrt getroffen, dann aber nicht eingehalten oder mißverstanden?

(5) Hat der zur Vorfahrt Befugte durch Richtungszeichen oder Warnsignale seine Absicht deutlich zu erkennen gegeben? Eine Verpflichtung zur Anzeige der Richtungsänderung besteht nur, wenn mit der Vorfahrt eine solche verbunden ist.

(6) Sind vorfahrtsregelnde Verkehrszeichen (Anl. 1 z. StVO.) vorhanden und deutlich sichtbar (s. „Verkehrssicherung").

Bild 8 und Skizze 4, Verletzung der Vorfahrt durch den weißen, mit hoher Geschwindigkeit gefahrenen PKW.; jedoch ist der Kraftradfahrer in der Mitte der Straße gefahren. Durch den Zusammenstoß der beiden wurde das Kraftrad gegen den schon angehaltenen 2. Kraftwagen geschoben. (S. S. 58 und 67).

Skizze 6, Nichtbeachtung der Vorfahrt und angesichts der Vereisung der Straße und der Unübersichtlichkeit der Strecke übermäßige Geschwindigkeit des Jeep. Der aus der Burgmairstraße kommende, erst im Anfahren begriffene PKW. wurde im hinteren Drittel angefahren und durch den Anprall in einem Salto auf den südlichen Fußsteig der Holbeinstraße geschleudert. Lichtbildaufnahme infolge Fahrerflucht nicht möglich. Skizze auf Grund der Schleuderspur und der Stellung des PKW. nach dem Unfall. (S. S. 93).

g) Sonstige Bewegungen:

aa) Fahren in Kolonnen ist innerhalb geschlossener Ortschaften nach § 1 StVO. verboten, außerhalb dieser an die Beschränkungen in § 14 StVO. gebunden.

bb) Sonstiges Fahren mehrerer Fahrzeuge unmittelbar hintereinander verursacht Zusammenstöße durch plötzliches Bremsen oder Halten. In welchem Abstand fuhren die Fahrzeuge hintereinander? Welche Geschwindigkeit hatte das hintere Fahrzeug im Verhältnis zum vorausfahrenden? Inwieweit verursachte Gegen- oder Querverkehr, unvermutet auftretende Hindernisse, der Zustand der Straße (s. S. 52) ein plötzliches Halten oder Bremsen des vorausfahrenden Fahrzeugs?

cc) Wenden auf der Stelle bemißt sich mangels besonderer Bestimmungen nach den Grundregeln des § 1 StVO., ist also außer in Einbahnstraßen nicht verboten, muß jedoch mit der äußersten Vorsicht durchgeführt werden. Es stellt eine Änderung der Fahrtrichtung dar mit Anzeigepflicht aus § 11 (s. S. 66) und gegebenenfalls Warnpflicht aus § 12 StVO. (s. S. 69). Daraus ergeben sich auch die im Einzelfall zu stellenden Fragen zur Aufklärung eines Unfalls. Das Gleiche gilt sinngemäß für das

dd) Zurückstoßen eines Kraftwagens. Hat sich der Führer vergewissert, ob die Straße und Strecke, in die er sein Fahrzeug zurückstoßen (wenden) will, frei ist? Hat er, wenn er selbst nicht genügend Ausblick nach rückwärts hatte, einen Beobachter aufgestellt, der das Zurückstoßen dirigierte und herankommende andere Verkehrsteilnehmer rechtzeitig warnte? Wie weit konnte der Führer von seinem Führersitz aus (durch Rückfenster oder Rückspiegel) sehen, nicht nur nach hinten, sondern auch nach rechts und links? Mit welcher Geschwindigkeit wurde die Rückwärtsfahrt vorgenommen? Hat der Fahrer genügende und deutlich hörbare Hupenzeichen gegeben und sonstige Vorsichtsmaßregeln beobachtet?

ee) Ebenso wie beim Zurückstoßen ist die Sicht vermindert bei Einfahrten in ein Grundstück sowie beim Ausfahren aus einem solchen (§ 17 StVO.). Infolgedessen bestehen ähnliche Unfallgefahren und nach Eintritt eines Unfalls ähnliche Fragen wie unter dd).

h) Vorbeifahren an Straßenbahnhaltestellen (§ 9 Abs. 4 StVO.) ist während des Ein- und Aussteigens der Fahrgäste nur in mäßiger Geschwindigkeit zulässig und nur in solchem Abstand, daß die Fahrgäste nicht gefährdet werden können; andernfalls ist anzuhalten. (S. auch S. 91.)

Es ist deshalb festzustellen: Konnte der Führer die Haltestelle rechtzeitig erkennen (vgl. § 9 Abs. 2 BOStrab.)? Hat er seine Geschwindigkeit so eingerichtet, daß ein- und aussteigende Fahrgäste bei richtigem Verhalten nicht gefährdet worden wären; warum hat der Führer nicht oder nicht rechtzeitig angehalten? Dabei ist zu beachten, daß unter „haltenden Straßenbahnwagen" nicht bloß die an der Haltestelle stillstehenden Schienenfahrzeuge, sondern auch „im Anhalten oder Anfahren begriffene" zu verstehen sind.

i) Umfahren von Verkehrsinseln DA. (4) zu § 8 StVO.

3. Anhalten und Parken

a) Inwieweit hat der Führer durch das Anhalten einen Unfall verursacht (vgl. § 15 StVO.)? War das Fahrzeug verkehrsstörend aufgestellt, auf der linken Seite anstatt auf der rechten? War das Linksanhalten nach der Verkehrslage (s. S. 46) als zulässig anzusehen? Besteht an der Stelle ein Park- oder Aufstellungsverbot? Sind entsprechende Tafeln angebracht, sichtbar und erkennbar?

Handelt es sich um ein Fahrzeug, das gemäß § 46 Abs. 1 vom allgemeinen Gebot des Rechtshaltens befreit ist oder um bevorrechtigte Fahrzeuge des § 48 StVO.?

Verfolgte das Halten einen Verkehrszweck (Ein- oder Aussteigen, Be- oder Entladen)? Ist der Unfall auf schuldhafte

Verzögerung oder unsachgemäße Durchführung des Ladegeschäftes (§ 18 StVO) zurückzuführen?

b) Parken (Aufstellen eines Fahrzeugs nicht zu einem Verkehrszweck wie oben, sondern um es längere Zeit nicht zu benutzen) ist untersagt, wo nach § 16 StVO. ein allgemeines oder ein besonderes, durch Tafeln gekennzeichnetes Parkverbot besteht. Sind die Grenzen des Parkverbotes, soweit einzelne Stellen dafür ausdrücklich bestimmt sind (§ 16 Ziff. 1), deutlich erkennbar?

Außerdem ist das Halten und Parken auf der durchgehenden Strecke der Autobahnen nach § 7 ABBO. als Verkehrshindernis untersagt; vielmehr muß zum Anhalten besonders bei Nacht der Seitenstreifen außerhalb der Fahrbahn benutzt und das Fahrzeug ausreichend beleuchtet werden.

Unfälle können sich darnach vor allem ereignen:

(a) Durch Aufstellung des Fahrzeugs an einer verbotenen Stelle, an welcher der andere Verkehrsteilnehmer nicht mit dem aufgestellten Fahrzeug gerechnet hat, besonders an unübersichtlichen Stellen und scharfen Wegkrümmungen;

(b) nachts infolge Nichtbeleuchtung des parkenden Fahrzeugs (vgl. § 24 Abs. 1 StVO.); siehe auch „Straßenbeleuchtung" (s. 56).

c) Im Zusammenhang mit dem Aufstellen eines Fahrzeugs können auch andere Unfälle eintreten durch Verfehlungen, die unter dem Strafschutz des § 1 StVO. stehen. Je nach der Nachlässigkeit des Fahrers können folgende Fragen auftauchen:

(1) Hat er sich vor dem Wegfahren vergewissert, ob nicht gleichzeitig ein Fahrzeug vorfahren will? Hat er dabei für Vorbeifahrende ein Fahrtrichtungszeichen gegeben? Vorgeschrieben ist es nicht, kann aber zweckmäßig sein bei starkem Verkehr in engen Straßen. Hat der Vorfahrende mit der Möglichkeit gerechnet, daß das

haltende Fahrzeug anfährt, hat er deshalb Warnzeichen gegeben? Welchen Zwischenraum hat das vorbeifahrende Fahrzeug eingehalten?

Skizze 7. Der aus dem Stand wegfahrende PKW. beachtete nicht, daß er die Gleise benutzen mußte und die Straßenbahn folgte. Er wurde deshalb von ihr erfaßt und gegen den stehenden PKW. geschoben. (S. S. 94)

(2) Hat der Fahrer schon beim Anhalten von dem vor ihm stehenden Fahrzeug soviel Abstand gehalten, daß er aus der Reihe der parkenden Fahrzeuge bei gehöriger Aufmerksamkeit ohne Gefahr wieder wegfahren konnte? Wurden die Vorderräder dazu schon beim Anhalten eingeschlagen? In beiden Fällen handelt es sich um Grundsätze der Fahrtechnik (s. S. 92).

(3) Waren beim Verlassen des Fahrzeugs die nötigen Sicherheitsvorkehrungen gegen Unfall und Diebstahl, überhaupt gegen unberechtigte Inbetriebsetzung des Fahrzeugs getroffen (§§ 20 und 35 StVO.)? Verlassen ist das Fahrzeug, wenn der Führer sich soweit entfernt, daß er Fahrzeug, Zugkraft und Ladung nicht mehr übersehen kann. Technische Sicherheitsvorkehrungen s. S. 29. Bei Fahrzeugen, die in der Bergrichtung stehen, genügt gegen unbeabsichtigte Bewegung in der Regel das Anziehen der Bremse nicht, es muß auch noch der 1. Gang (Motorbremse) eingeschaltet sein, bei Fahrzeugen in der Talrichtung der Rückwärtsgang, in beiden Fällen stillstehenden Motor vorausgesetzt.

Aufstellung von bespannten und unbespannten Fuhrwerken (§ 32 StVO.) s. S. 97.

4. Sonstige Verkehrsunfälle

a) Bei Massenbeförderung von Personen auf Kraftwagen

Für die Beförderung von Personen in Omnibussen gelten die Bestimmungen der BOKraft. Soweit die Verantwortung des Führers (Ausweispflicht s. S. 35) in Frage steht, kann namentlich die Verletzung einzelner Bestimmungen der BOKraft. den Unfall herbeigeführt oder seine Folgen verstärkt haben. Es ist deshalb gegebenenfalls insbesondere festzustellen:

(1) War das Fahrzeug überbesetzt (§ 26 BOKraft.)? Wieviele Personen waren aufgenommen, wieviele durften höchstens mitgenommen werden?

(2) Waren nichtbefestigte Sitze eingestellt (§ 48 Abs. 2 BOKraft.)?

(3) Warum hat die Öffnung der Türen versagt (§ 46 Abs. 2 BOKraft.)?

(4) Ist ein Fahrgast abgestürzt, weil die Einstiegstufen nicht gleitsicher waren (§ 46 Abs. 3 aaO.)?

(5) Hat sich eine Verletzung verschlimmert, weil der vorgeschriebene Verbandkasten (§§ 53, 54, 62 Abs. 1 aaO.) nicht vorhanden, nicht auffindbar oder nicht ausreichend ausgestattet war?

Für die Personenbeförderung auf LKW. und deren Anhänger gilt § 34 StVO. Wieviele Personen befanden sich auf dem LKW. bzw. verbotenerweise auf dem Anhänger? Waren außer den Personen auch noch Sachen befördert? Für die Zahl der Personen, die auf einem LKW. mitgenommen werden dürfen, ist vor allem das zulässige Ladegewicht entscheidend, d. i. z. B. bei 2,3 t = 2300 kg · 0,6 = 1380 : 65 kg = 21 Personen. Für mindestens soviel Personen mußten also Sitzplätze auf der Ladefläche vorhanden sein.

Liegt für die Beförderung auf dem LKW. eine polizeiliche Erlaubnis vor? Wieviele Personen dürfen nach dieser Erlaubnis höchstens befördert werden? Ist der LKW. zur Personenbeförderung entsprechend eingerichtet (vgl. § 62 BOKraft.)? Befand sich das Fahrzeug zur Zeit des Unfalls noch im gleichen Zustand wie bei der Ausstellung der Erlaubnis? Welche Mängel sind inzwischen eingetreten? Inwieweit waren sie ursächlich für den Unfall? Waren Personen verbotswidrig auf dem Fahrzeug gestanden? Hat der Führer die für die Personenbeförderung erforderliche besondere Erlaubnis?

b) Kraftfahrzeugbrände

Bei Fahrzeugbränden kann es sich handeln um einen Schaden am Kraftstoffbehälter oder an der Kraftstoffzufuhr, um Vergaser- oder um Kabelbrand. Bestand der Schaden schon vor dem Unfall oder ist er erst durch diesen eingetreten (Zusammenstoß mit gleichzeitiger Beschädigung des Tanks oder der Brennstoffleitung)? Im ersten Fall ist zunächst wichtig die Anordnung des Kraftstoffbehälters: Nahe am Motor oder am Heck des Fahrzeugs; Art der Kraftstoffzufuhr zum Motor, ferner ob Füllverschluß und Kraftstoffleitung in Ordnung waren (vgl. §§ 45, 46 StVZO.)? Daraus ergibt sich, welchen Weg der Kraftstoff machen muß und welche Möglichkeiten der Inbrandsetzung bestehen. War der Vergaser undicht? Undichtigkeit ist erkennbar am plätschernden Geräusch in seinem Innern. Hat er getropft? Ist bei Vergaserbrand der Benzinabsperrhahn sofort abgedreht und der Brennstoffrest im Schwimmer dadurch verbrannt worden, daß der Motor sofort auf hohe Touren gebracht worden ist?

Zu den mechanischen Brandursachen können menschliche treten, z. B. Verschmutzung oder Ölschlamm unter der Motorhaube. Hat im Zeitpunkt der Brandgefahr der Führer oder ein Fahrgast geraucht, so daß ausströmender oder abtropfender Betriebsstoff in Brand geraten konnte.

Soweit es sich um einen Omnibus im gewerbsmäßigen Personenverkehr handelt, ist festzustellen, ob ein betriebsfähiger Feuerlöscher in Reichweite des Fahrers vorhanden und er mit dessen Handhabung vertraut war? Hat er nach Ausbruch des Brandes von ihm Gebrauch gemacht, evtl. warum nicht (vgl. §§ 53, 54, 62 Abs. 1 BOKraft.)?

Von besonderer Wichtigkeit ist in allen Fällen, ob Anhaltspunkte für einen Versicherungsbetrug vorliegen.

c) Umfallen eines Kraftfahrzeugs

z. B. bei Fahrt entlang eines Abhanges, auf einer Böschung, im Gebirge, einer von der linken Fahrbahnseite abgesetzten Autostraße ist nicht nur infolge Unachtsamkeit des Führers möglich, sondern auch infolge Blendung durch entgegenkommende Fahrzeuge, durch eigene ungenügende Beleuchtung, durch Nebel, Regen oder Schneetreiben und schließlich durch Anfahren (Hinausdrücken) eines überholenden Fahrzeugs. Je nach den Umständen und dem Entlastungsvorbringen des Fahrers sind auch die Ermittlungen vorzunehmen.

Umfallen kann das Kraftfahrzeug freilich auch, wenn es ins Schleudern geraten ist oder gar wenn sich das Fahrzeug durch das Schleudern überschlagen hat. Dann ist die primäre Ursache eine andere, das Umfallen nur deren letzte Wirkung (s. Bild 8).

d) Anschläge auf Kraftfahrzeuge

Bei diesen handelt es sich um rein kriminelle Vorgänge durch Schießen, Werfen mit Steinen, Seilspannen über die Straße, Aufreißen des Straßenkörpers, Hinlegen von Bäumen usw., Streuen von Nägeln und Glasscherben. Für die Aufklärung sind die allgemeinen kriminalistischen Grundsätze maßbegend.

5. Das Abweichen von den Verkehrsregeln

Daß das Abweichen von den Verkehrsvorschriften nicht nur berechtigt, ja sogar notwendig sein kann und daß selbst die genaueste Befolgung der Verkehrsbestimmungen nicht unter allen Umständen vom Vorwurf schuldhaften Verhaltens befreit, ist von der oberstgerichtlichen Rechtsprechung in zahllosen Entscheidungen ausgesprochen worden. Vorwiegend handelt es sich bei den regelwidrigen Verkehrsvorgängen um

Linksfahren (s. S. 76) statt rechts,
Einbiegen (s. S. 76) nach rechts in weitem, nach links in kurzem Bogen,
Linksausweichen (s. S. 77) statt rechts,
Rechts überholen (s. S. 78) statt links,

also um Abweichungen von den bestimmten Verkehrsvorschriften der § 8 und 10 StVO. Nicht schuldhaft ist ein Abweichen von diesen Bestimmungen, wenn ihre Befolgung eine Störung der Verkehrssicherheit erwarten läßt, namentlich wenn die starre

Beachtung einer Vorschrift die Verkehrssicherheit mehr beeinträchtigt hätte als die vorgenommene Nichtbefolgung. Das ist z. B. der Fall, wenn ein Kraftfahrer, um einen Fußgänger auf der Fahrbahn nicht zu überfahren, auf den ihm sonst verbotenen Radfahrweg ausweicht, selbst wenn er dabei etwa einen Baum umfährt.

Stets aber müssen besondere Umstände vorliegen, um die Nichtbefolgung der Verkehrsvorschriften zu rechtfertigen. Die Durchführung einer solchen an sich vorschriftswidrigen Bewegung setzt demnach in allen Umständen voraus:

a) Die Notwendigkeit des Abweichens von der Vorschrift infolge der Unmöglichkeit ihrer Beachtung;

b) Vermeidung oder Verringerung einer Unfallgefahr, ohne daß zugleich eine andere ebenso große oder noch größere geschaffen wird;

c) Durchführung der regelwidrigen Maßnahme mit aller nach der Verkehrslage erforderlichen und möglichen Vorsicht.

Die Unmöglichkeit der Einhaltung der Vorschriften kann herbeigeführt sein durch die Verkehrslage (s. S. 50), insbesondere auch durch haltende oder parkende Fahrzeuge, Entgegenkommen zahlreicher Fußgänger auf der Fahrseite. Stets muß also ein gewisser Notstand gegeben sein, wenngleich die Vorgänge bei einem solchen Verkehrsnotstand regelmäßig nicht den Schuldbefreiungsschutz des Strafrechts (§ 54 StGB.) genießen. Dazu kommen jene Fälle, in denen ein anderer Verkehrsteilnehmer vorschriftswidrig fährt. Wenn z. B. ein entgegenkommender Kraftfahrer zu erkennen gibt, daß er auf der für ihn falschen Seite bleiben will, so darf der andere vorübergehend in der Mitte der Straße, nötigenfalls auch auf der linken Seite fahren. Hingegen berechtigen Bequemlichkeitsrücksichten niemals zum Abweichen von den Vorschriften, ebensowenig die Absicht rascher vorwärts zu kommen.

Ist eine Abweichung von den Grundsätzen des Verkehrsrechts und der Verkehrsgepflogenheiten begründet, so ist weitere Bedingung der regelwidrigen Bewegung die Beachtung besonders hoher Vorsicht bei ihrer Ausführung. Dazu gehört in erster Linie die Voraussehbarkeit des Verhaltens des anderen Verkehrsteilnehmers, der die Veranlassung zum Abgehen von der Vorschrift geschaffen hat oder durch die regelwidrigen Bewegungen in Gefahr kommt. Zwar darf nach der Rechtsprechung der letzten 10 Jahre der Straßenbenutzer, namentlich der Kraftfahrer im allgemeinen darauf vertrauen, daß der Andere die Verkehrsregeln beachtet. Erst wenn er erkennt, (nicht bloß für möglich hält), daß der Andere vorschriftswidrig fahren will, hat er sich dieser Verkehrslage anzupassen. Solange jedoch ordnungsgemäßes Fahren (z. B. Rechtsausweichen) noch möglich ist, darf der Andere ohne fahrlässig zu handeln, darauf vertrauen, daß dies geschehen werde (OLG. München 29. 11. 1938, Dt. Autorecht 1939 S. 146). Andererseits fordert der Gedanke der Verkehrsgemeinschaft, daß sich der vorschriftswidrig verkehrende Straßenbenutzer so benimmt, daß über seine Ansichten bei entgegenkommenden und nachfolgenden Fahrzeugführern keine Zweifel bestehen können.

Unter Berücksichtigung des voraussehbaren Verhaltens der anderen Verkehrsteilnehmer muß also der Kraftfahrer seine eigenen Maßnahmen einrichten. Er muß sich namentlich die zweifelsfreie Überzeugung verschaffen — nötigenfalls unter Anwendung besonderer Mittel —, daß er ohne Gefährdung Anderer von der Regel abweichen kann, so daß z. B. der Kraftfahrer, der vor sich ein Hindernis in Gestalt einer Person sieht, nur dann damit rechnen muß, daß sie sich sachgemäß verhalten werde, wenn die Person — sei es durch Umdrehen, durch Zeichen oder durch Ausbiegen oder Stehenbleiben — zweifelsfrei zu erkennen gegeben hat, daß sie dem Kraftfahrer nicht ins Fahrzeug laufen wird. Als besondere Mittel kommen in Frage Warnzeichen, die notwendigerweise mehrmals und schon aus genügender Entfernung zu geben sind, in erster Linie aber Verlangsamung der Fahrt, d. h. das Heranpürschen an den anderen Verkehrsteilnehmer solange, bis Gewißheit über sein Verhalten besteht.

Für den Untersuchungsbeamten ergeben sich demnach in Fällen, in denen ein Verkehrsteilnehmer (meist Kraftfahrer gegenüber Fußgängern und Radfahrern, Radfahrer gegen Radfahrer) vorschrifswidrig gefahren ist, namentlich folgende Fragen:

a) Worin bestand die Abweichung?

b) Warum ist von der Grundregel der StVO. abgewichen worden? War die Abweichung nach der Verkehrslage gerechtfertigt oder durch das vorschriftswidrige Verhalten eines anderen Verkehrsteilnehmers hervorgerufen?

c) Ist die Abweichung mit der erforderlichen Sorgfalt vorgenommen worden? Welche Sicherheitsmaßnahmen waren den Umständen nach unentbehrlich, aber nicht durchgeführt?

d) Welche Folgen sind durch die Verletzung der Regel und die Unterlassung der erforderlichen Vorsichtsmaßnahmen eingetreten?

Skizze 8, Zusammenstoß zwischen Kraftfahrer und Radfahrer, weil der letztere erst den Eindruck erweckte, sich vom Kraftfahrer rechts überholen zu lassen, aber im letzten Augenblick doch nach rechts auszuweichen versuchte (S. S. 103)

6. Befreiung von den Verkehrsvorschriften

Polizei, Feuerwehr (im Feuerlöschdienst und Katastrophenschutz) und der Grenzaufsichtsdienst sind sowohl von den Verkehrsvorschriften der StVO. als auch von den Bau- und Betriebsvorschriften der StVZO. befreit, soweit die Erfüllung ihrer hoheitlichen Aufgaben es erfordert. Die Entscheidung darüber, ob eine Ausnahme gerechtfertigt ist oder nicht, treffen die zuständigen eigenen Dienstbehörden. Für die übrigen Verkehrsteilnehmer ergibt sich daraus, daß für Fahrzeuge der Polizei und Feuerwehr, die sich durch besondere Kennzeichen bemerkbar machen, schon bei ihrer Annäherung freie Bahn zu schaffen ist. Alle Fahrzeugführer haben zu diesem Zweck rechts heranzufahren und vorübergehend zu halten (§ 48 Abs. 3 StVO.). Ist der Unfall dadurch entstanden, daß der nichtbevorrechtigte Verkehrsteilnehmer es unterlassen hat, einem Polizei- oder Feuerwehrfahrzeug die nötige Verkehrsfreiheit zu verschaffen?

Besatzungsfahrzeuge sind in Erfüllung ihrer Aufgaben ohne weiteres bevorrechtigt, jedoch grundsätzlich angewiesen, sich der Verkehrsordnung zu unterwerfen.

Sonderfahrzeuge, die der Straßen-Unterhaltung und -Reinigung dienen, sind in Erfüllung ihrer Aufgabe gemäß § 46 Abs. 1 S. 1 StVO. von den Vorschriften über Rechtsfahren, Einbiegen, Ausweichen, Überholen und Anhalten befreit. War die Bedeutung des Fahrzeugs für den anderen Kraftfahrer zu erkennen? Hat der Führer des bevorrechtigten Fahrzeugs entsprechende Zeichen gegeben? Hat sie der andere Verkehrsteilnehmer mißverstanden oder übersehen?

Weitere Befreiungen und Ausnahmen sind bei den entsprechenden Abschnitten vermerkt.

7. Allgemeine Fahrtechnik

Dem Kraftfahrer obliegt nicht nur, die geschriebenen Verkehrsregeln zu beachten, sondern auch die ungeschriebenen Fahrregeln, die eine lange Autoerfahrung herausgearbeitet hat. Denn gerade die Verletzung anerkannter Fahrregeln führt häufig zu Unfällen, besonders von Anfängern oder von Leuten, deren innere Hemmungen durch Genußgifte (Alkohol) oder Krankheit aufgehoben sind.

Aus den unfallverhütenden, bei Verletzung aber unfallverursachenden Fahrregeln seien folgende hervorgehoben (s. auch S. 139):

a) Rechtzeitig vor der Kurve Gas weg, ohne Gas in die Kurve, mit Gas aus der Kurve.
b) Rechtzeitig vor der Kurve und dann vorsichtig, nicht scharf bremsen.
c) An schwierigen verkehrsreichen Stellen herunterschalten.
d) Den Blick nie von der Fahrbahn abwenden. Herunterblicken beim Bedienen des Schalthebels oder anderer Griffe ist ein schwerer Fehler.
e) In fremden Städten auf das Verhalten anderer Fahrzeuge achten, um nicht an gefährlichen Stellen einen Unfall zu erleiden.

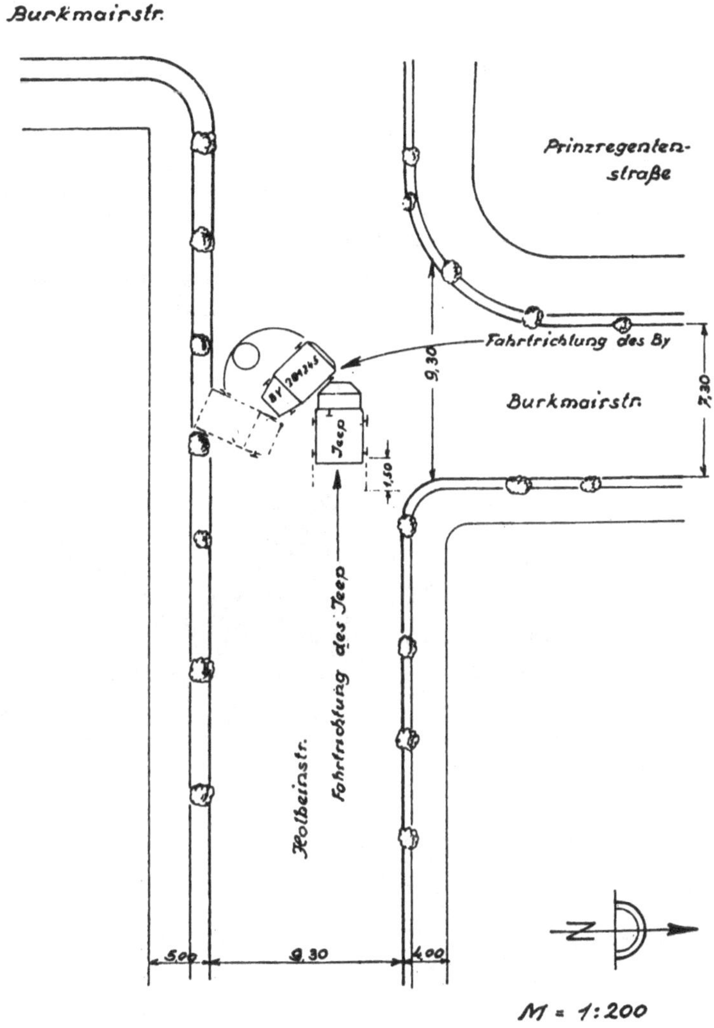

Burkmairstr.
Prinzregenten-
straße
Fahrtrichtung des By
9,30
Burkmairstr.
7,30
By
Jeep
1,50
Holbeinstr.
Fahrtrichtung des Jeep
5,00
9,30
4,00
N
M = 1:200

Skizze 6

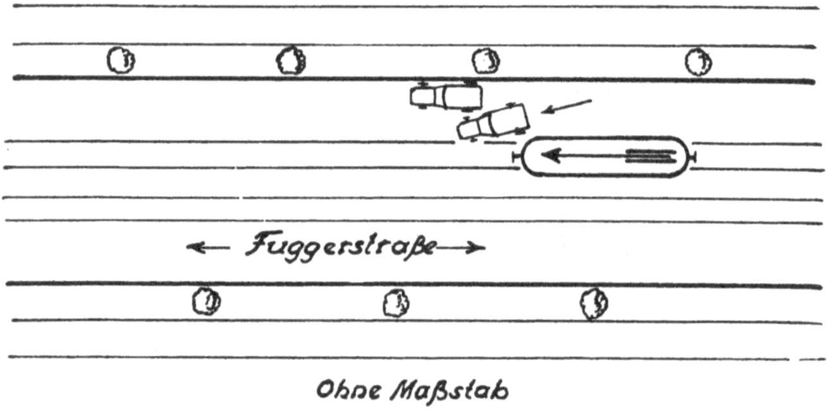

Skizze 7

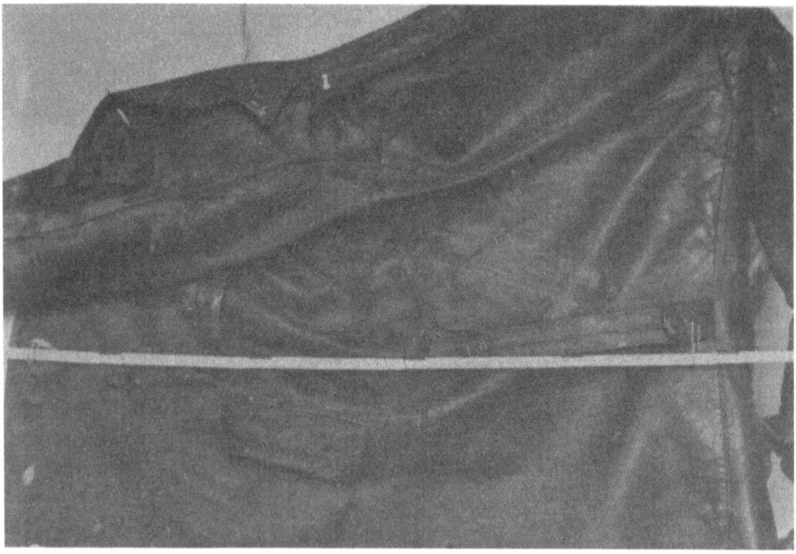

Bild 9

f) Talfahrt mit dem kleinen Gang. Man fährt zu Tal mit dem gleichen Gang wie auf den Berg; nicht im Leerlauf zu Tal rollen lassen.

Es ist also nach jedem Unfall festzustellen:

(1) Wieviele Schaltungen hat das Kraftfahrzeug? Mit welchem Gang wurde es vor dem Unfall gefahren? Ist dieser Gang noch eingerückt oder stand der Schalthebel auf Leerlauf? Hat jemand beobachtet, daß der Fahrer nach dem Unfall den Schalthebel noch umgestellt hat oder umzustellen versuchte?
(2) Hat der Führer beim Auftauchen eines Hindernisses die Kupplung herausgenommen, um die Geschwindigkeit zu verringern? Hat er dabei Kupplung und Gaspedal verwechselt?

III. Das Verhalten der Führer von nichtmotorischen Fahrzeugen

Die allgemeinen Vorschriften der StVO. gelten auch für den nichtmotorischen Verkehr. Die im Abschnitt B II behandelten Verkehrsvorgänge, Unfallursachen und Fragen gelten deshalb sinngemäß auch dann, wenn Fuhrwerkslenker, Radfahrer, Reiter, Viehtreiber usw. an Unfällen beteiligt sind, seien es solche untereinander oder mit Kraftfahrzeugen, Straßenbahnen, Eisenbahnen oder Fußgängern.

Im besonderen sind bei der Unfalluntersuchung grundlegend für:

Radfahrer §§ 25—31 StVO.
Fuhrwerke § 32 StVO.
Reitverkehr § 39 StVO.

Bei jedem dieser unfallbeteiligten Verkehrsteilnehmer erhebt sich zunächst die Frage: Hat er die allgemeinen Verkehrs, pflichten der StVO. (§§ 1—3, 7 — 24) verletzt durch: Schnellfahren, Kurvenschneiden, falsches Ausweichen, Einbiegen-Überholen, Verletzung der Vorfahrtsregeln usw. (s. S. 72 ff.). Im übrigen ist von Fall zu Fall zu ermitteln, soweit beteiligt sind

1. Radfahrer

a) Ist der Unfall entstanden:

aa) Durch Nebeneinanderfahren, ständiges Fahren neben einem anderen Fahrzeug oder durch Anhängen an ein solches (§ 26 Abs. 2, §§ 28, 29 StVO.)? Hat der Fuhrwerks- oder Kraftwagenführer das Anhängen geduldet?

bb) Durch Nichtbenutzung des Radfahrweges oder Benutzung in falscher Richtung, durch Nichteinhalten der äußersten rechten Seite der Fahrbahn auf der Straße (§ 27 Abs. 1 StVO.)?

cc) Durch rücksichtsloses Einbiegen auf die Fahrbahn (§ 27 Abs. 3 StVO.) oder umgekehrt; wurden Richtungs- und Warnzeichen dabei versäumt?

dd) Durch verbotswidrige Mitnahme anderer Personen oder verkehrshinderernder Gegenstände (§ 30 StVO.); hat er infolge seiner Belastung die Herrschaft über das Fahrrad verloren; konnte er keine Richtungszeichen geben?

ee) Durch verbotswidriges Mitführen von Anhängern und Tieren (§ 31 StVO.)?

b) Hat der Radfahrer die Herrschaft über sein Rad verloren, weil er beim Fahren die Lenkstange losgelassen oder die Füße von den Pedalen genommen hat (§ 26 Abs. 1 StVO.)?

2. Fuhrwerkslenker

a) War der Fuhrwerkslenker für seine Aufgabe geeignet (s. S. 46), war er insbesondere nach seinem Alter, seinem körperlichen und geistigen Zustand nach in der Lage, auf die Tiere ausreichend einzuwirken? Hat irgend ein vorschriftswidriger Zustand von Fahrzeug (s. S. 30), Ladung (s. S. 31) oder Gespann (s. S. 31) den Unfall verursacht? Bestand die Unfallursache schon vor Beginn der Fahrt oder ist sie erst unterwegs eingetreten? Warum wurden die unterwegs aufgetretenen Mängel nicht beseitigt oder das Fahrzeug nicht aus dem Verkehr gezogen?

b) Hatte der Führer ausreichende Sicht nach vorne und nach den Seiten? Hat er seine Pflichten verletzt durch nachlässige Führung, durch Einnahme eines ungeeigneten Platzes, insbesondere durch Aufsitzen auf die Deichsel, durch Schlafen, durch ungenügende Sicherung und verbotswidrige Mitnahme von nichteingespannten Tieren (§ 7 Abs. 3, § 40 StVO.). Hat er die Zügel angebunden, statt sie in der Hand zu halten? War er in der Lage die Bremsen zu bedienen oder saß er auf einer abschüssigen Strecke auf dem Wagen?

c) Hatte er die für ihn zuständige Fahrbahn und als langsames Fahrzeug deren äußerste rechte Straßenseite benutzt (siehe S. 68)?

d) Waren am stehenden Fuhrwerk alle notwendigen Vorsichtsmaßregeln getroffen (Absträngen der Tiere nach § 32 Abs. 1 StVO., Beleuchtung usw. am unbespannten Fuhrwerk bei Dunkelheit und starkem Neben nach Abs. 2 aaO. vorne und hinten)? Bestand überhaupt eine zwingende Notwendigkeit, das Fuhrwerk bei Nacht auf der Straße stehen zu lassen? War die Deichsel hochgeschlagen oder abgenommen?

e) War bekannt, daß die Tiere leicht scheuen? Dann durften sie unbeaufsichtigt nicht stehengelassen werden (s. § 20 Abs. 1 StVO.).

3. Reiter

Für diese, gelten abgesehen von der Eignungsfrage (s. S. 46), die vorstehend für den Fuhrwerksverkehr gegebenen Vorschriften entsprechend, ausgenommen die Beleuchtungsbestimmungen (vgl. die Sonderregelung in § 39 Abs. 2 und § 40 Abs. 5 StVO.).

Wo Reitwege nicht vorhanden sind, dürfen Reiter die allgemeine Fahrbahn benützen. Als langsame Verkehrsteilnehmer müssen sie dabei ebenfalls die äußerste rechte Seite der Fahrbahn einnehmen. Ausweichen und Überholen auf Reitwegen richtet sich nach § 10 Abs. 2 StVO.

IV. Das Verhalten der Fußgänger

1. Im allgemeinen

Bei Unfällen, die Fußgänger auf der Fahrbahn erleiden, sind besonders zwei Grundsätze zu beachten:

1. Die Fahrbahn gehört zunächst dem Fahrzeug. Fußgänger sollen die Fahrbahn nur betreten zum Überqueren (vgl. § 37 Abs. 1 StVO.) ausnahmsweise zum Gehen längs der Fahrbahn beim Transport sperriger Lasten (Abs. 5 aaO.).
2. Einbiegende Fahrzeuge sollen auf die Fußgänger, diese auf die Einbiegenden besondere Rücksicht nehmen (§ 2 Abs. 4 StVO.).

Es ist also zunächst nach Möglichkeit festzustellen: Zu welchem Zweck hat der Fußgänger die Fahrbahn betreten? Wie hat er die Fahrbahn überschritten, mit oder ohne Aufenthalt, rechtwinklig auf dem kürzesten Weg oder in schräger Richtung, nach links bzw. rechts Ausschau haltend oder nicht (§ 37 Abs. 2 StVO.)? Hat er die Zeichen des Verkehrspostens oder der Signallampen beachtet? Welches Zeichen wurde gegeben, als der Fußgänger die Fahrbahn betreten hat? Hat er verbotswidrig die Reichsautobahn benutzt (vgl. § 2 Abs. 1 Vorl. ABBO.)?

Skizze 9, Zwei aus der Straßenbahn nach hinten aussteigende Frauen wollten die Straße überqueren Beim Auftauchen eines Kraftradfahrers wich die eine zurück, während die andere in schräger Richtung weiterging. Dadurch wurde der Kraftradfahrer gezwungen, nach rechts auszubiegen, geriet dabei an den Randstein und wurde über die Lenkstange an den Eisenmast geschleudert und getötet Den Unfall hat in erster Linie die Frau verschuldet, weil sie durch das unachtsame Überschreiten der Fahrbahn den Fahrer zum plötzlichen Ausweichen gezwungen hat Über seine Geschwindigkeit gehen die Zeugenaussagen auseinander. (S. S 104).

Das Verhalten eines getöteten oder verletzten Fußgängers ist auch sonst dahin zu untersuchen, ob er ein Warnungssignal gehört, das Fahrtrichtungszeichen gesehen hat? Ist er schwerhörig, hat er schwaches Augenlicht, ist seine körperliche Bewegungsfähigkeit sonst beeinträchtigt, trug er sichtbare Verkehrsschutzabzeichen? Hat er sich unsicher gezeigt, war die Unsicherheit zu erkennen? Hat er die Geistesgegenwart verloren und durch planloses Hin- und Herlaufen den Unfall heraufbeschworen, durch Unachtsamkeit, Gehen über die Fahrbahn mit gesenktem Kopf, Unterhaltung mit anderen Personen usw.? Die gleichen Nachforschungen sind anzustellen, wenn der Fußgänger zwar nicht selbst in Mitleidenschaft gezogen worden ist, aber durch sein verkehrswidriges Verhalten den Kraftfahrzeugführer irre gemacht hat und dadurch ein Unfall entstanden ist.

Fußgänger auf der Landstraße unterliegen keinen besonderen Vorschriften; entscheidend nach einem Unfall ist somit ihr tatsächliches Verhalten.

Ist der Fußgänger mit einer sperrigen Last, einem geschobenen Handwagen oder Fahrrad, einer offenen Sense (§ 41 Abs. 3 StVO.) die Straße entlanggegangen? Hat er dabei die äußerste rechte Seite der Fahrbahn eingenommen (§ 37 Abs. 5 StVO.), eventuell warum nicht? Hat er bei der Richtungsänderung ein Zeichen gegeben?

Wie hat sich der Kraftfahrer (Radfahrer) gegenüber den Verkehrswidrigkeiten des Fußgängers verhalten? Hat er ihn überhaupt beobachtet, seine Geschwindigkeit verlangsamt, Warnzeichen gegeben, auszuweichen versucht (nach welcher Seite?)?

2. Die Fahrgäste der öffentlichen Verkehrsmittel auf der Fahrbahn

Sind Personen verunglückt, die auf Straßenbahnen oder Omnibusse gewartet haben oder aus diesen ausgestiegen sind (vgl. § 36 Abt. 1 und 2 StVO.)? Wo warteten sie auf das Verkehrsmittel: Auf dem Fußsteig, der Verkehrsinsel oder auf der Fahrbahn? Sprangen sie auf die Fahrbahn, als die Straßenbahn (der Omnibus) noch ziemlich entfernt war oder schon anhielt? Konnte der Kraftfahrer die entgegenkommende Straßenbahn sehen, die nachkommende hören, so daß er mit dem Betreten der Fahrbahn durch die wartenden Personen rechnen mußte? Siehe auch S. 83.

3. Spielende Kinder auf der Fahrbahn

Hat das Kind verbotswidrig auf der Straße gespielt (§ 43 StVO.)? Waren Angehörige anwesend? Haben sie auf das Kind eingewirkt? Ist das Kind überhaupt zu Hause dahin erzogen worden, daß das Spielen auf der Straße lebensgefährlich und deshalb verboten ist? Weiter sind zu ermitteln: Alter, geistige Entwicklung und Reifezustand des Kindes, körperliche Fehler, welche die Fortbewegung beeinträchtigen. Ist das Kind an sich unberechenbar, unüberlegt oder gesetzt und zurückhaltend? Ist anzunehmen, daß das Kind das Fahrzeug kommen sah? Ist es vor dem Fahrzeug herumgesprungen, um den Fahrer zu hänseln oder um eine Probe seiner eigenen Fertigkeit und Geschwindigkeit zu machen wie Kinder es häufig tun?

Wann hat der Kraftfahrer das Kind bemerkt? Wie hat er darauf reagiert? Hat er mit dem verkehrswidrigen Benehmen des Kindes gerechnet? Ist er langsamer gefahren, vorsichtig ausgewichen, eventuell warum nicht? Wie konnte der Unfall trotz der Vorsichtsmaßnahmen passieren?

V. Das Verhalten der Fahrgäste während der Fahrt

Von der Einwirkung des Halters auf den Kraftfahrer während der Fahrt wurde bereits gesprochen (s. S. 34). In ähnlicher Weise wirken häufig Fahrgäste auf den Führer ein und veranlassen ihn, eine Geschwindigkeit einzuschlagen oder eine sonstige Bewegung vorzunehmen, die der Verkehrslage usw. widerspricht. Eine strafrechtliche Anstiftung (§ 48 StGB.) wie beim Halter liegt, weil meist die gesetzlich geforderten Anstiftungsmittel fehlen, selten inmitten; sie kann aber gegeben sein. Unter Umständen kann auch strafrechtliche Mittäterschaft (§ 47 StGB.) angenommen werden. Auf jeden Fall ist (sei es auch nur als Unterlage für die zivilrechtlichen Schadensersatzansprüche) festzustellen, inwieweit die Fahrgäste auf den Führer und sein Verhalten bestimmenden Einfluß genommen haben.

Die Rechtsgrundlage für Ermittlungen über das Verhalten der Fahrgäste von Massenverkehrsmitteln ergeben § 36 Abs. 3 StVO., § 43 BOStrab., § 25 BOKraft. Darnach können als Unfallursachen in Betracht kommen:

Unterhaltung der Fahrgäste mit dem Führer,
Beengung des Führers bei Leitung und Bedienung des Fahrzeugs (s. § 7 Abs. 3 StVO.),
eigenmächtiges Öffnen der äußeren Türen oder Plattformverschlüsse während der Fahrt,
Trittbrettfahren,
Aufsteigen, obwohl der Schaffner oder Führer das Fahrzeug als „besetzt" bezeichnet hat und der Wagen (Zug) bereits anfuhr,
Auf- oder Abspringen während der Fahrt,
Hinauslehnen während der Fahrt,
Hinauswerfen oder Hinausragenlassen von Gegenständen,
Betreten oder Verlassen des Fahrzeugs außerhalb der planmäßigen Haltestelle.

VI. Verkehrsflucht

Ist der Verkehrsteilnehmer nach dem Unfall geflohen, um sich der Feststellung seiner Person, seines Fahrzeugs oder der Art seiner Beteiligung am Unfall zu entziehen (§ 139a StGB.), so gilt es insbesondere festzustellen:

1. Bei Kraftfahrzeugen: Fahrzeugart, Marke, Farbe, Größe, Zahl und Art der Anhänger (offen, geschlossen, gedeckt), Art der Ladung, wahrscheinliche Erkennungsnummer, Besatzungszone, Nationalität; besondere Merkmale am Fahrzeug: Reservereifen, Kühlerfiguren, Aufbauten, vermutete oder wahrscheinliche Beschädigungen durch den Unfall; Besetzung: Zahl der Personen, Alter, Geschlecht, Kleidung, Kopfbedeckung, mögliche Verletzungen; Fahrtrichtung, vermutetes Fahrtziel.

War der Kraftwagen beschriftet? Beschriftung müssen tragen Omnibusse und Lastkraftwagen, die zur gewerbsmäßigen Personenbeförderung eingesetzt sind (§ 38 BO-Kraft.) sowie die zum Güterfern- und Nahverkehr zugelassenen Kraftfahrzeuge (§§ 10, 11 DVO. zum Güterfernverkehrs Ges. vom 27. März 1936)*).

Als wertvolles Hilfsmittel zur Ermittlung flüchtiger Kraftfahrzeuge vermag das Reifenmuster**) von Kraftfahrzeugen und Fahrrädern zu dienen. Es ist nach Möglichkeit nicht nur zu photographieren, sondern auch abzuformen, mindestens aber genau abzuzeichnen (s. Spurensicherung). Außerdem sind nach Verletzung oder Tötung eines Menschen im Benehmen mit dem behandelnden Arzt die Kleider und der Körper der Person auf Reifenmusterabdrücke zu untersuchen und, falls brauchbare Abdrücke gefunden werden, diese zu photographieren (s. Bild 9).

Glasscherben als Überführungsmittel gegenüber flüchtigen Kraftfahrern (s. S. 147).

2. Bei Radfahrern: Fahrrad: Marke, Herren- oder Damenrad, Anstrich; allgemeiner Zustand (neu, verrostet usw.); besondere Merkmale: Kastenaufbauten vorne oder hinten, Gepäckträger, Kindersitze, vermutete Schäden durch den Unfall; Besetzung: Geschlecht, Alter, Größe, besondere Merkmale: Fehlende Körperteile; Kleidung, Kopfbedekkung; Fahrtrichtung.

3. Bei Fußgängern: Personenbeschreibung wie oben.

Kutscher, Reiter, kommen wegen der geringen Geschwindigkeit der Fortbewegung und der geringen Möglichkeit sich zu verbergen, überhaupt ihrem geringen Aktionsradius nach praktisch kaum in Betracht.

Gelingt es rasch eine brauchbare Beschreibung des Fahrzeugs und der Insassen aufzunehmen, so ist diese mittels Rundfunk,

---

*) Z. Zt nicht verlangt.

**) Siehe S 136

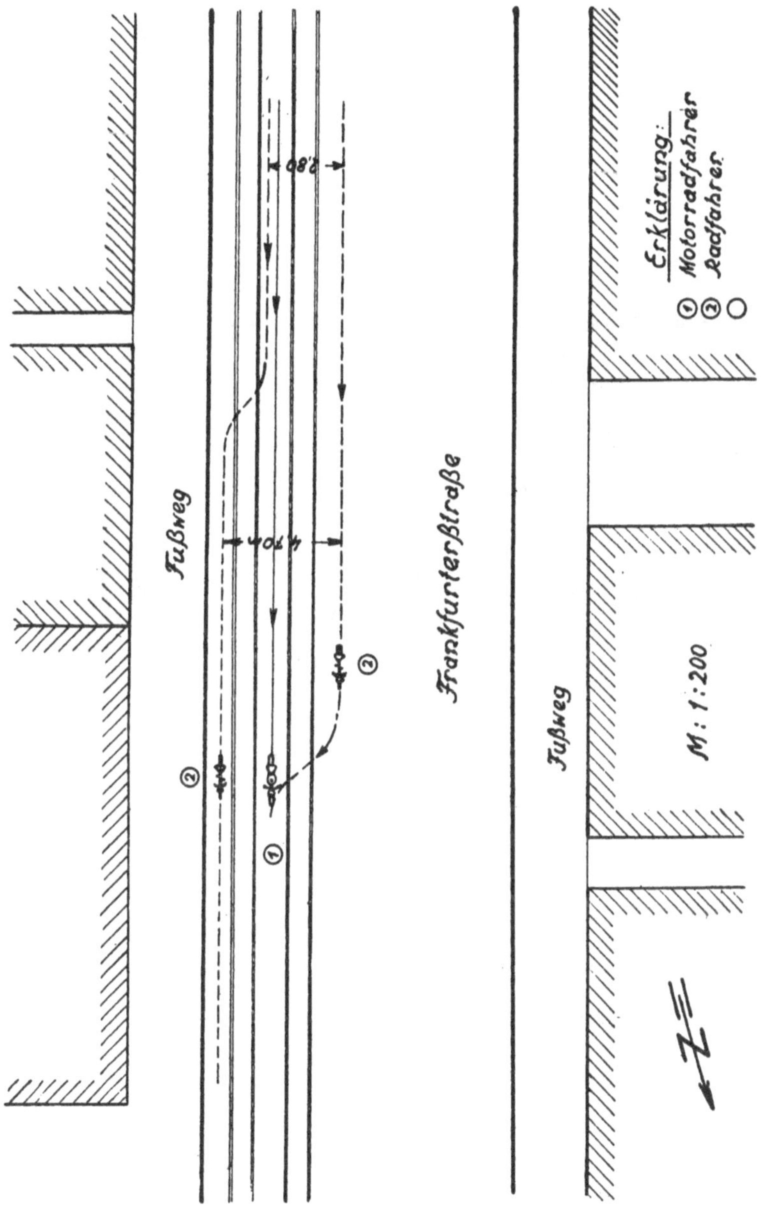
Fußweg
Frankfurterstraße
Fußweg
M: 1:200
Erklärung:
① Motorradfahrer
② Radfahrer
4.70 m
2.80

Skizze 8

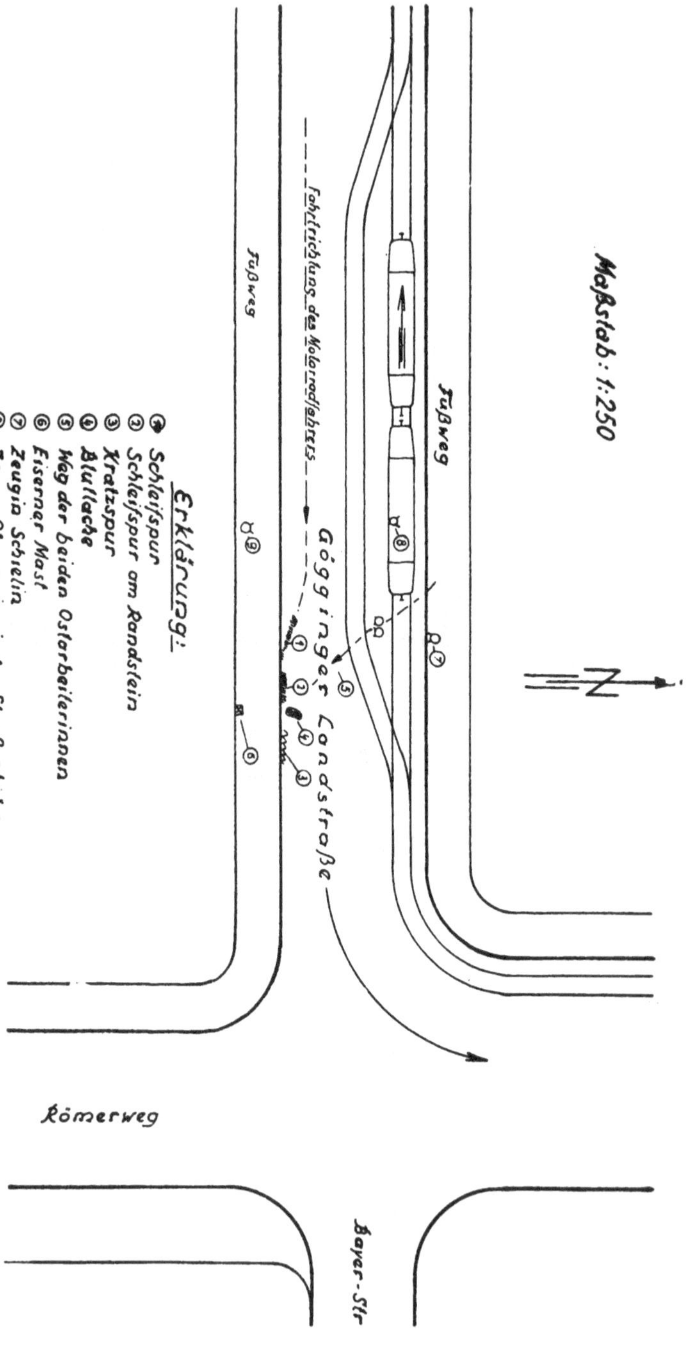
Maßstab: 1:250
Fußweg
Fahrtrichtung des Motorradfahrers
Fußweg
Gögginger Landstraße
Erklärung:
① Schleifspur
② Schleifspur am Randstein
③ Kratzspur
④ Blutlache
⑤ Weg der beiden Ostarbeiterinnen
⑥ Eiserner Mast
⑦ Zeugin Schielin
⑧ Zeuge Obermaier in der Straßenbahn
⑨ Zeuge Mader
N
Römerweg
Bayer-Str

Skizze 9

Fernschreiber, Telephon und Telegraph an die Polizeibehörden der wahrscheinlichen Wegrichtung weiterzuleiten, soweit das Fahrzeug von der Polizei nicht unmittelbar verfolgt wird. Bei diesem Nachrichtendienst*) sowohl wie bei der unmittelbaren Verfolgung des Fahrzeugs ist auch zu berücksichtigen, daß es möglicherweise seine bisherige Fahrtrichtung zum Zwecke der Täuschung und Spurenverwischung geändert, die Hauptstraße verlassen und eine Nebenstraße eingeschlagen hat. Daher sind auch die Polizeibehörden rechts und links der Hautpstraße zu verständigen.

Ist ein verdächtiges Fahrzeug angehalten worden (auch Miet- und Hotelgaragen nachsehen!), so gilt es den angebotenen Alibibeweis nach Zeit und Ort genauestens zu prüfen. Insbesondere kommt es darauf an, die Entfernung von der Unfallstelle zum Ort der Ermittlung zu errechnen, sowie die Zeit, innerhalb deren das Fahrzeug diesen Weg zurückgelegt haben kann. Durch Nachforschungen, ob das angehaltene oder ein anderes Kraftfahrzeug, das aus der fraglichen Richtung kam, übermäßig schnell gefahren ist, können vielleicht Anhaltspunkte für die Täterschaft erbracht werden. Verdächtige Fahrzeuge sind genau auf Beschädigungen und sonstige Unfallspuren zu untersuchen (s. S. 145). Auch ist zu prüfen, ob nicht infolge Fehlens von Gegenständen (verlorene Reifen und Gepäckstücke, abgerissene Teile) eine Überführung zu erreichen ist. Im Zweifelsfalle ist das Fahrzeug zu beschlagnahmen und Sorge zu tragen, daß keinerlei Waschungen, Reparaturen usw. daran vorgenommen werden können.

Die Fahrspur (s. S. 136) flüchtiger Fahrzeuge ist auf eine möglichst lange Strecke zu verfolgen und dabei hauptsächlich auf den Abdruck von Reifenbeschädigungen, Ausbesserungen (Vulkanisierung) zu sehen. Alter (Abnutzungsgrad) der Reifen ergibt sich auf weicher Unterlage aus der Tiefe des Eindrucks, auf fester Unterlage aus der mehr oder minder großen Schärfe der Musterränder und der Breite der einzelnen Abdrücke: je älter die Bereifung, um so weniger scharf sind die Ränder und um so

---

*) Auf Angaben zur Verfolgung ausländischer Fahrzeuge wird einstweilen verzichtet

schmäler die Musterstreifen. Bei Übergängen von harter auf weiche Unterlage darf man sich durch die Änderung des Musters nicht täuschen lassen: auf weicher Unterlage findet man Nachbildung der Vertiefungen, auf harter der Erhöhungen.

Bei der Nachschau in Garagen, Werkstätten, Karosseriefabriken und -lackierereien ist zu beachten, daß die Inhaber dieser Betriebe die Interessen ihrer Kunden wahrnehmen und deshalb nur bei vorsichtiger Befragung Auskunft zu erwarten ist. Es empfiehlt sich deshalb, den Zweck der Nachschau von vornherein nicht zu verraten, sondern zunächst selbst unter den vorhandenen Fahrzeugen Umschau zu halten.

Bei der Untersuchung von verdächtigen Kraftfahrzeugen nach Beschädigungen suche man besonders nach Blutspuren, Fingerabdrücken usw. (s. S. 146), und zwar auch an den gegen Wasserstrahl geschützten Stellen, namentlich an der Unterseite des Kraftfahrzeugs. Ursache und Zeitpunkt frischer Lakkierung stelle man unverzüglich und genau fest.

VII. Straßenbahnunfälle

1. Die Straßenbahnanlage und ihr strafrechtlicher Schutz

Unfälle, an denen Straßenbahnen beteiligt sind, nehmen eine besondere Stellung ein. Sie liegt begründet in dem Gegensatz zwischen der Bindung der Straßenbahn an die Gleise und der freien Beweglichkeit der übrigen Verkehrsteilnehmer, soweit nicht große LKWs und Omnibusse in Frage kommen auch in den bedeutenden Größenunterschieden zwischen schienenfreien und -gebundenen Fahrzeugen. Infolge der Schienengebundenheit kommen nur bestimmte Unfallarten in Betracht, an denen Straßenbahnwagen (Züge) beteiligt sein können.

Was für die Straßenbahnunfälle gilt, ist sinngemäß auch auf solche von Oberleitungs-Omnibussen — Obussen — anzuwenden, wenngleich sie technisch eine Zwischenstellung zwischen der schienengebundenen Straßenbahn und dem schienenfreien Kraftfahrzeug einnehmen.

Auch Straßenbahnunfälle, insbesondere Zusammenstöße, sind nicht nur von der Gleisführung und Gleisgebundenheit abhängig, sondern werden auch von der Verkehrslage (A IV), der Verkehrssicherung (A VI), dem Wetter (A VII) — z. B. schlüpfrige Gleise infolge Regen oder Laubfall, Vereisung — wesentlich beeinflußt.

Rechtlich ist zu beachten, daß der Straßenbahn gegenüber nichtmotorischen Fahrzeugen die Vorfahrt grundsätzlich zusteht; den Kraftfahrzeugen steht sie hinsichtlich der Vorfahrt gleich*) (s § 13 Abs. 2 StVO.). Für die sonstigen Verkehrsbeziehungen zwischen der Straßenbahn und den übrigen Verkehrsteilnehmern sind teilweise Sondervorschriften erlassen, die durch die Schienengebundenheit der Straßenbahn begründet sind.

Straßenbahnunfälle dürfen strafrechtlich nicht nur unter dem Gesichtspunkt der Verletzung von Verkehrsregeln der StVO. gewürdigt werden. Die Untersuchungen müssen vielmehr auf die auf Grund des Personenbeförderungsgesetzes erlassenen Anforderungen der BOStrab. und ihrer Ausf.Best. (s. Anlage 3) berücksichtigen, sowie den Tatbestand der Transportgefährdung (§§ 315 Abs. 2, 316 Abs. 2 StGB.). Dabei kommt es hauptsächlich darauf an, ob durch den Unfall die Betriebssicherheit der Straßenbahn beeinträchtigt und dadurch eine Gemeingefahr herbeigeführt worden ist. „Gemeingefahr" bedeutet sehr weitgehend nach § 315 Abs. 3 n. F. eine Gefährdung von Leib oder Leben, sei es auch nur eines einzelnen Menschen oder für bedeutende Sachwerte, die in fremdem Eigentum stehen oder deren Vernichtung gegen das Gemeinwohl verstößt.

2. Betriebssicherheit

Die an Straßenbahnwagen und -Anhänger zu stellenden technischen Anforderungen sind im besonderen enthalten in §§ 15 bis 23 BOStrab. nebst den dazu gehörigen Ausführungsbestimmungen (AB.). Für die Unfalluntersuchung sind daraus im Einzelfall namentlich folgende Bedingungen von Bedeutung:

---

*) Vorfahrt auch gegenüber Kraftfahrzeugen nach § 13 Abs. 6 s. Fußnote S. 80.

(1) Die Fahrzeuge müssen so beschaffen sein, daß sie auf den für sie bestimmten Strecken mit den dort zugelassenen Geschwindigkeiten ohne Gefahr bewegt werden können (AB. 55 zu Abschnitt III der BOStrab.). Bei Beteiligung eines Straßenbahnwagens oder -Zuges ist deshalb zu ermitteln: Seit wann befindet sich das Fahrzeug in Betrieb, ohne daß eine Untersuchung oder Generalüberholung oder die Beseitigung eines bekanntgewordenen Mangels stattgefunden hat, der für den Unfall ursächlich sein konnte? Ein betriebsunsicheres Fahrzeug muß so bald als möglich aus dem Betrieb gezogen werden (AB. 109 zu § 30 BOStrab.). Warum ist das nicht geschehen?

(2) Wielang war der Straßenbahnzug (wieviele Beiwagen außer dem Triebwagen)? Wieviel Personal war dabei?

(3) Sind am Triebwagen Bahnräumer und Fangschutzvorrichtungen (§ 17 aaO.) sowie Sandstreuer (§ 19) vorhanden und betriebsfähig?

(4) Waren Strom- und Handbremsen betriebsfähig, insbesondere auch die auf den Anhänger wirkende durchgehende Bremse (§ 18 aaO.)? Ist für die Talfahrt am Anhänger Handbremsung durch dienstliche Anordnung ausdrücklich vorgeschrieben? Waren die Bremsen vor Betriebsbeginn geprüft (§ 30), von wem? Wie ist die Anhängerbremse mit dem Triebwagen verbunden (Kabelleitung mit Steckdosen?).

Bild 10 und 11, Skizze 10, Der Straßenbahnzug bekam nach Durchfahrt der 1. Kurve trotz Strom- und Handbremsen sowie Sandstreuung immer größere Geschwindigkeit In der 2. Kurve kippte der Motorwagen nach rechts um, riß den Anhänger mit sich und rutschte den Berg hinunter, bis er nach 45 m zum Halten kam Dementsprechend befand sich von der Unfallkurve bis zum Liegeort des Zuges eine 6,80 m breite Schleifspur, die mit Glassplittern übersät war Der Unfall war auf einen technischen Fehler der Strombremse zurückzuführen, der bei der Prüfung vor der Ausfahrt und auf der bisherigen Tour noch nicht bemerkbar war Bilder und Skizze zeigen nur den umgelegten Zug, aber nicht die Rutschstrecke und ihre Spuren. S S. 113, 114).

(5) Ist Schutz gegen Blendung durch die Sonne und bei Dunkelheit aus dem Wageninnern, sind Scheibenwischer vorhanden (§ 20 nebst AB.)?

(6) Sind Fahrtrichtungsanzeiger (§ 21) zur Warnung der anderen Verkehrsteilnehmer vorhanden und bedient worden?

(7) Hat die Stirnlampe des Triebwagens gebrannt oder fuhr der Zug in der ausreichend erhellten Straße nur mit beleuchtetem Zielschild (§ 28 aaO.)? Ist die Gleiszone dadurch soweit beleuchtet worden, daß auf die Länge des Notbremsweges Menschen und Gegenstände rechtzeitig erkennbar waren? Waren rotes Schlußlicht oder Rückstrahler vorhanden?

(8) Wie waren die stillstehenden (abgestellten) Fahrzeuge gesichert und beleuchtet (vgl. AB. 101 zu §§ 28, 38 BOStrab.)?

(9) Wie breit sind Motorwagen und Anhänger? Wie weit ragen sie über das Gleis hinaus?

Hinsichtlich der Verkehrslage ist noch von Bedeutung:

(10) Verläuft die Straßenbahn ein- oder zweigleisig, im allgemeinen Verkehrsraum oder außerhalb desselben auf eigenem Bahnkörper; wie ist dieser von der allgemeinen Fahrbahn abgegrenzt? Welche Spurweite haben die Gleise, welche Gesamtbreite nimmt der zweigleisige Betrieb ein? Wo liegen die Gleise: In der Straßenmitte oder an der Seite, wie weit vom Fußsteigrand entfernt?

3. Der Straßenbahnführer

a) Eignung

Straßenbahnen werden als kommunale bzw. gemischtwirtschaftliche Unternehmungen oder von Privatgesellschaften geführt, die wiederum staatlicher Aufsicht unterliegen. Im allgemeinen ist deshalb im Rahmen der BOStrab. (§§ 25, 29, 47) das Personal entsprechend geprüft und ständiger Kontrolle unterstellt. Die Eignung der Wagen-(Zug-)Führer ist also grundsätzlich kaum umstritten. Jedoch kann die Fahrfähigkeit im Einzelfall durch akute Ereignisse beeinträchtigt sein, durch Krankheit, Alkoholgenuß (s. S. 39), Übermüdung (s. S. 44) oder sonstige zeitliche Beschränkungen der körperlichen und geistigen Kräfte. Entsprechende Nachforschungen sind deshalb unter Zugrundelegung der Ausführungen in Abschnitt A II 2 b auch nach einem Straßenbahnunfall anzustellen (s. S. 36ff.).

b) Verhalten

Der Führer eines Straßenbahnwagens (Zuges) hat auf den Zustand des von ihm geführten, täglich und nach Dienstschichten wechselnden Fahrzeugs fast gar keinen Einfluß; das ist ausschließlich Sache des Unternehmers bzw. des Werkstättenpersonals. Seinem Verhalten als Führer sind durch die Schienengebundenheit des Fahrzeugs viel engere Grenzen gezogen als jedem anderen Fahrzeuglenker. Infolgedessen gibt es nur eine beschränkte Zahl von Handlungen und Unterlassungen, die dem Straßenbahnführer als Unfallbeteiligten zur Last gelegt werden können. Vor allem können folgende Fragen auftauchen:

1. Bestand über den Aufgabenkreis und die Verantwortung der einzelnen Bediensteten des Straßenbahnzuges Klarheit? Sind die Anordnungen des Triebwagenführers als „Zugführer" beachtet worden? Hat er für richtige Zugbildung und Kupplung der Wagen sowie für die richtige Anbringung der Signalzeichen gesorgt (§ 27 BOStrab. nebst AB. 91)?

2. Hat der Triebwagenführer für die übrigen Verkehrsteilnehmer beim Anfahren, Richtungswechsel, überhaupt bei Zusammenstoßgefahr rechtzeitig und ausreichende Warnsignale gegeben (§§ 22, 31 BOStrab.)? Hat er die Notsignale des Triebwagenschaffners beachtet, hat dieser die Notsignale aus den Anhängewagen nach vorne weitergegeben?

3. Mit welcher Geschwindigkeit fuhr der Zug? Welche Geschwindigkeit ist für die Strecke überhaupt und für die Unfallstelle im besonderen höchstens zugelassen (§ 35 BOStrab.)? An welcher Stelle hat der Führer zu bremsen begonnen, mit welcher Bremse (Strom- oder Handbremse oder beide)? und in welcher Bremsstellung? Hat er den Sandstreuer betätigt?

4. Haben die Schaffner bei der Talfahrt die Handbremse rechtzeitig und ausreichend bedient? Welche Weisungen bestehen überhaupt für Tal- und Bergfahrten an der Unfallstelle? Sind sie beachtet worden?

5. Ob der Straßenbahnführer sonst Bedienungsfehler begangen hat, können nur seine technischen Vorgesetzten bzw. besondere Sachverständige der technischen Aufsichtsbehörden aufklären.
6. Ist ein bereits vor dem Unfall bekanntgewesener Mangel Ursache des Unfalls? Welcher Bedienstete hat diesen Mangel am Fahrzeug bemerkt, der die Verkehrs- oder Betriebssicherheit beeinträchtigte? Wann hat er diesen Mangel gemeldet? Was ist auf die Meldung geschehen?

4. Zusammenstöße

a) Zwischen zwei Straßenbahnen auf dem gleichen Gleis

Wenn zwei Bahnen auf dem gleichen Gleis einander entgegen oder hintereinander fahren, kann Unfallursache sein:

(a) Bei regelmäßig zweigleisigem Betrieb Umleitung eines Wagens (Zuges) auf das linke Gleis, ohne daß der Führer des Gegenwagens davon rechtzeitig verständigt wurde;

(b) bei regelmäßig eingleisigem Betrieb Überfahren des Wechsels infolge Unklarheit, ob der Gegenwagen schon durchgefahren ist;

(c) überhöhte Geschwindigkeit, unzureichender Abstand oder Versagen der Bremsen eines nachfahrenden Fahrzeugs beim Fahren hinter einander (vgl. § 34 BOStrab.). In welchem Abstand fuhren die Wagen hintereinander?

In den Fällen a und b liegt ohne weiteres ein Verstoß gegen die Grundregel des § 1 StVO. vor, im Falle c ist es notwendig festzustellen, inwieweit die Unfallursachen auf ein Verschulden zurückzuführen sind.

b) Wenn zwei Straßenbahnlinien zusammenmünden oder sich kreuzen

Hier ist die Klärung der Vorfahrtsfrage herbeizuführen:

(a) Welches Fahrzeug hatte nach den allgemeinen Regeln des § 13 die Vorfahrt? Ist durch einen Verkehrsposten oder ein Lichtsignal eine andere Anordnung getroffen worden (Abs. 3 aaO.)?

(b) Warum hat der zur Nachfahrt verpflichtete Führer dem Vorfahrtbefugten nicht freie Bahn gelassen? Hat der verantwortliche Zugführer Anstiftung oder Beihilfe (§§ 48, 49 StGB.) begangen, indem er den Triebwagenführer zur Verletzung der Vorfahrt veranlaßt hat?

(c) Wie ist die Verkehrslage am Unfallort? Konnten sich die beiden Wagenführer frühzeitig sehen oder nicht? Mit welcher Geschwindigkeit fuhren sie an die Einmündung (Kreuzung) heran?

c) Zwischen Straßenbahn und Eisenbahn

Auf schienengleichen Kreuzungen hat die Eisenbahn das unbedingte Vorrecht (s. S. 121). Die Richtlinien, die im folgenden Abschnitt für die Aufklärung von Zusammenstößen zwischen Eisenbahnen und Straßenfahrzeugen aufgestellt sind, gelten deshalb sinngemäß auch für Zusammenstöße der obigen Art.

d) Mit nichtschienengebundenen Fahrzeugen

(A) Zusammenstöße an Straßenkreuzungen und Einmündungen

Nach § 13 Abs. 6 StVO. und § 42 BOStrab. haben durch Maschinenkraft angetriebene Schienenfahrzeuge die Vorfahrt vor allen anderen Fahrzeugen.*)

Dieser allgemeine Grundsatz kann zwei Ausnahmen erfahren:

(a) wenn ein Verkehrsposten im Einzelfall eine abweichende Regelung trifft (Abs. 3 a. a. O.),

(b) wenn durch amtliche Verkehrszeichen eine andere Regelung getroffen ist (dgl.).

Aber auch dann, wenn die Vorfahrt dem Kraftfahrer zusteht, darf er, wie die obersten Gerichte wiederholt entschieden haben, nicht blindlings von seinem Recht Gebrauch machen; denn selbst bei Anwendung von Strombremse und Sandstreuer braucht der schwere Straßenbahnwagen noch einen beträchtlichen Bremsweg.

*) Siehe Fußnote S. 80.

Bild 10

Bild 11

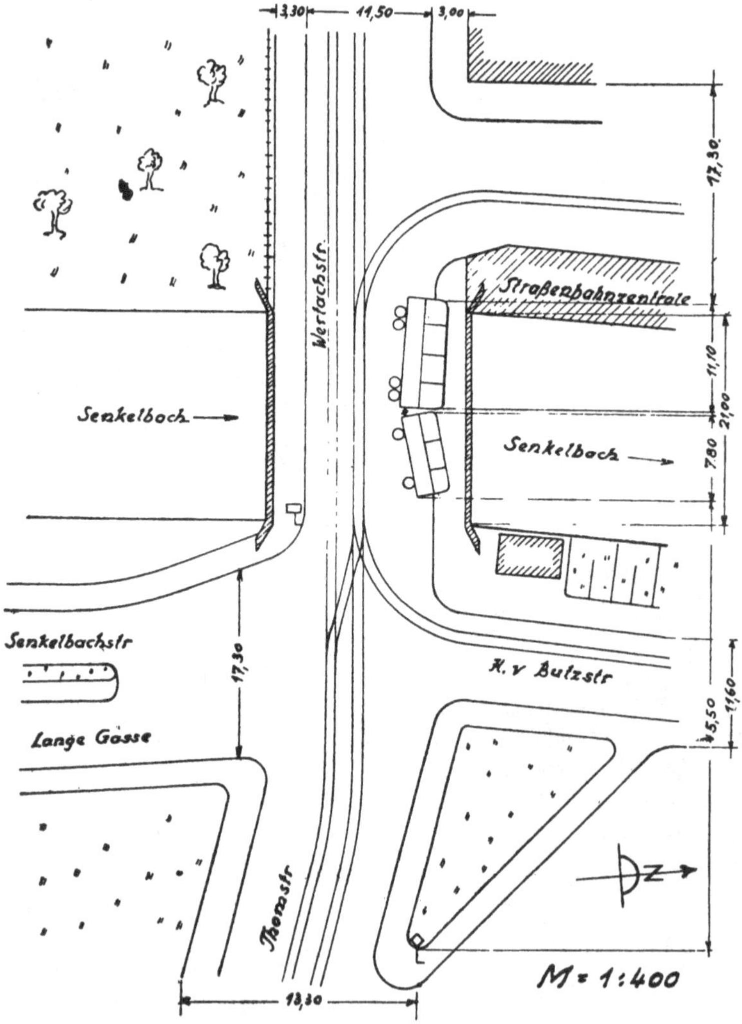

3,30
11,50
3,00
17,30
Wertachstr.
Straßenbahnzentrale
11,10
21,00
7,80
Senkelbach
Senkelbach
Senkelbachstr
17,30
Lange Gasse
H. v Butzstr
5,50
11,60
Thomasstr
13,30
Z
M = 1:400

Skizze 10

Unter Berücksichtigung dieser Rechtslage tauchen bei Zusammenstößen an Kreuzungen und Einmündungen hauptsächlich folgende Fragen auf:

1. War der von links kommenden Straßenbahn durch Handzeichen oder Lichtsignal Sondervorfahrt eingeräumt? Konnte das der Kraftfahrer erkennen?

2. Warum wurde die Vorfahrt, wenn sie der Straßenbahn zustand, vom Kraftfahrer nicht beachtet? Welche Geschwindigkeit hatte das Kraftfahrzeug? Ist der Führer vorsichtig in die Kreuzung eingefahren (langsame Fahrt; Überzeugung, ob eine Straßenbahn kommt; Horchen auf ihre Signale; scharfes Einschlagen nach rechts, großer Bogen nach links)?

3. Stand die Vorfahrt dem Kraftfahrzeug zu? Hat der Straßenbahnführer durch Abminderung seiner Geschwindigkeit und durch Signale der Möglichkeit einer Fahrbahnkreuzung Rechnung getragen? Mit welcher Stromstellung fuhr er; hat er Hupenzeichen gehört; was hat er darauf getan (Zeugen auf der vorderen Plattform des Wagens)?

4. Kein Vorfahrtfall liegt vor, sondern Einbiegen (§ 8 StVO.), wenn ein Fahrzeug nach rechts einbiegt in eine Straße, aus der ein anderes Fahrzeug in der Gegenrichtung nach links einbiegt. Das gilt auch für das Verhältnis zwischen schienengebundenen und schienenfreien Fahrzeugen. Gerade hier ereignen sich viele Unfälle, wenn der Kraftfahrer an einer unübersichtlichen Straßeneinmündung nach rechts einbiegt und die Straßenbahngleise so ungünstig liegen, daß der Kraftfahrer den Gleisteil der Fahrbahn zum Rechtseinbiegen benutzen muß. Die Verfehlungen auf beiden Seiten können hierbei sein: Unvorsichtiges Einbiegen und mangelnde Zeichengebung, beim Kraftfahrer außerdem Einbiegen in weitem Bogen statt in kurzem.

5. Kraftfahrzeuge der Polizei und Feuerwehr sind von den Vorschriften der StVO. befreit, soweit die Erfüllung ihrer

hoheitlichen Aufgaben es erfordert. Diese Vorrechte bestehen auch gegenüber der Straßenbahn. Von der allgemeinen Vorsichtspflicht sind die Führer der bevorrechteten Fahrzeuge dagegen nicht entbunden. Es ist demnach zu ermitteln: Hat der Führer des Löschfahrzeugs usw. beim Kreuzen der anderen Straße die nötige Vorsicht walten lassen, insbesondere die erforderlichen Signale gegeben; konnte der Straßenbahnführer diese hören? Haben auch Fahrgäste, namentlich auf der Vorderplattform, die Feuerwehrsignale vernommen? Was hat der Straßenbahnführer getan, um das Vorrecht der Feuerwehr usw. zu wahren oder ist er unbekümmert weitergefahren?

(B) Fahren in gleicher Richtung

1. Schienenfahrzeuge sind rechts zu überholen; wenn dies aus Raummangel nicht möglich ist, dürfen sie links und in Einbahnstraßen rechts oder links überholt werden (§ 10 Abs. 4 StVO.). Unfallgefahren erwachsen beim Linksüberholen in erster Linie aus zu frühem Einbiegen nach dem Überholen; ein solcher Tatbestand wirft die Frage auf, warum sich der Kraftfahrer zu früh nach rechts gewandt hat, aus falscher Entfernungsschätzung oder weil ihm ein anderes Fahrzeug entgegengekommen ist. Diese Möglichkeit besteht besonders bei zweigleisigem Straßenbahnbetrieb. Raummangel ist nur dann gegeben, wenn infolge der Straßenanlage zwischen Fußsteig und Straßenbahn nicht genügend Raum zum Rechtsüberholen vorhanden ist. Wird der Raum nur durch die Verkehrslage, also nur durch vorübergehende Hindernisse beengt, durch andere Fahrzeuge, Lagerung von Brenn- oder Baustoffen usw., so darf links nicht überholt werden, sondern muß gewartet werden, bis die Straßenbahn selbst weiter gefahren ist.

Links überholen eines Schienenfahrzeugs ist bei rechtsseitigem Raummangel außerdem nur zulässig, wenn keine anderen Fahrzeuge auf der Überholungsstrecke entgegenkommen oder in der Fahrbahn stehen. Ist der Unfall dadurch eingetreten, daß der Kraftfahrer nicht hinter dem Schienenfahrzeug blieb, bis die Fahrbahn für ihn rechts wieder frei war?

3. Das Überholen an Straßenkreuzungen ist nicht grundsätzlich verboten. Jedoch muß besonders der ortsfremde Kraftfahrer mit einem Abbiegen der Straßenbahn nach der von ihm befahrenen Straßenseite rechnen. Im Zusammenstoßfall ist deshalb die Hauptfrage, ob der Kraftfahrer wußte oder bei entsprechender Aufmerksamkeit rechtzeitig sehen konnte, daß die Straßenbahn möglicherweise ihre Fahrtrichtung ändert.
4. Beim Fahren in gleicher Richtung ohne Überholungsabsicht kann ein Unfall durch plötzliches Halten der Straßenbahn verursacht werden. Dabei ist zu prüfen: Hat der Kraftfahrer, der hinter der Straßenbahn ganz oder teilweise auf ihrem Gleisstreifen fuhr, einen solchen Abstand gehabt, daß er bei plötzlichem Halten oder bei planmäßigem Halten an einer Haltestelle, die er vorher nicht sehen konnte, in der Lage war, sein Fahrzeug sofort zum Stehen zu bringen (Nebel, Regen, Glatteis, Schnee- und Laubfall!)?
5. Fährt das Kraftfahrzeug vor der Straßenbahn her, so bleibt zu erforschen, einerseits ob der Kraftfahrer die Gleise auf das Signal der nachfolgenden Straßenbahn freigemacht hat, andererseits ob der Straßenbahnführer genügend Zeichen gegeben und dem Kraftfahrzeugführer Zeit zum Räumen der Gleise gelassen hat.
6. In Einbahnstraßen ist vorbehaltlich der Vorschriften über Ausweichen und Überholen die Ausnutzung der Fahrbahn in ihrer ganzen Breite gestattet, es sei denn, daß die Straßenbahn in beiden Richtungen durchfährt und ein entgegenkommender Wagen die Ausnutzung der Fahrbahn nicht zuläßt. Unfälle können sich in Einbahnstraßen nur bei grober Fahrlässigkeit ereignen, vorwiegend wenn auf die entgegenkommende Straßenbahn nicht geachtet wird oder wenn eine in gleicher Richtung fahrende Straßenbahn zu knapp oder an verengter Stelle überholt wird. Aus diesen Unfallmöglichkeiten ergeben sich auch die zu klärenden Fragen über Hergang und Ursache des Zusammenstoßes.

(C) Begegnung mit einer Straßenbahn

1. Bei Begegnung mit einer Straßenbahn hängt die Verkehrsabwicklung ebenfalls davon ab, wo die Gleise liegen (siehe auch B 1). Ist der Platz zwischen dem rechten Wegrand und dem Gleis nach der Straßenanlage objektiv nicht breit genug, um nach rechts ausweichen zu können, so hat der Kraftfahrer entgegenkommenden Straßenbahnwagen nach links auszuweichen (§ 10 Abs. 4 StVO.). An strafbaren Unterlassungen können hiernach vorliegen: Ausweichen nach der falschen Seite, ungenügendes oder zu spätes Ausweichen, Unterlassung des Rückwärtsfahrens. Bei ungenügendem Ausweichen ist festzustellen, welche Hindernisse dem Kraftfahrer entgegenstanden (stehende oder entgegenkommende Fahrzeuge, Kinder auf der Fahrbahn, Straßenaufgrabungen, Versagen des Motors u. a.); an zu spätem Ausweichen kann auch ein zu spätes Beobachten des Schienenfahrzeugs, also Mangel an Aufmerksamkeit oder fehlender Überblick schuld sein.
2. § 13 Abs. 4 StVO. regelt den Fall, daß zwei Fahrzeuge einander auf demselben Wege entgegenfahren, von denen das eine seine Fahrtrichtung ändert, d. h. nach links abbiegt (für das Rechtseinbiegen hat die Bestimmung kaum Bedeutung). Stets hat dabei das geradeausfahrende Fahrzeug, sei es nun Straßenbahn oder Kraftfahrzeug, die Vorfahrt. Unfälle entstehen also hauptsächlich bei Nichtbeachtung dieser Vorfahrtsbefugnis. Die Untersuchung wird hier namentlich zu klären haben, ob der Führer des abbiegenden Fahrzeugs die nach § 11 Abs. 1 StVO. erforderlichen Richtungszeichen überhaupt, rechtzeitig und deutlich gegeben hat, ob er das Abbiegen vorsichtig unternommen hat, kurzum ob er die Vorfahrt des Geradeausfahrenden durch entsprechende Maßnahmen ermöglicht hat.

(D) Zusammenstöße bei Fahrtbeginn

Häufig ereignen sich Zusammenstöße, wenn eines der beiden Fahrzeuge nach dem Halten wieder anfährt. Dann entsteht die Frage: Hat sich der Kraftfahrer vor der Wegfahrt vergewissert, daß ihm kein Schienenfahrzeug auf der geraden oder aus einer Seitenstraße entgegenkommt, daß kein Schienenfahrzeug, deren Bahnkörper er benutzen muß, dicht hinter ihm nachfährt?*) Hat er sich vergewissert, ob seine Absicht, den Weg der Straßenbahn zu kreuzen, noch durchführbar ist, bevor der an einer Haltestelle stehende Wagen wegfährt? Hat der Führer des haltenden Straßenbahnwagens einen vor ihm stehenden Kraftwagen rechtzeitig auf die beabsichtigte Weiterfahrt durch Abfahrtsignale aufmerksam gemacht?

Ähnliche Unfälle sind denkbar, wenn die Straßenbahn an unübersichtlicher Stelle entsprechend ihrer Gleisführung in weitem Bogen nach rechts einbiegt, der andere Verkehrsteilnehmer aber nach links. Entscheidend sind in einem solchen Zusammenstoßfalle folgende Fragen:

(1) Sind mechanische Warnvorrichtungen vorhanden, die das Herannahen der Straßenbahn anzeigen, oder ein Wächter?

(2) Hat der Wächter der Straßenbahn oder ein Polizeiposten Vorsichts- oder Haltesignale gegeben, die von den sich begegnenden Fahrzeugführern nicht beachtet worden sind?

(3) Mit welcher Geschwindigkeit sind die Fahrzeuge gefahren? Welche Geschwindigkeitsbeschränkung ist für die Straßenbahn an der Unfallstelle vorgeschrieben?

(4) Sind Signale gegeben worden, frühzeitig genug und hörbar?

(5) Haben die Fahrzeugführer sonst die nötige Vorsicht walten lassen durch scharfe Beobachtung der Fahrbahn?

5. Straßenbahnen auf eigenem Bahnkörper

Grundsätzlich bewegen sich Straßenbahnen im allgemeinen Verkehrsraum der öffentlichen Straße und nur ausnahmsweise oder gar nur streckenweise auf besonderem Bahnkörper (s. BOStrab. §§ 4, 10, 11, 36, 42). Sie genießen dort das Vorrecht, jeden anderen Verkehr von der Benutzung des besonderen Bahn-

*) Siehe Skizze 7 (S. 94).

körpers ausgeschlossen zu wissen, ausgenommen an Kreuzungen mit Straßen und an Übergängen für Fußgänger.

An Kreuzungen haben andere Fahrzeuge die Strecke für herannahende Schienenfahrzeuge frei zu machen, schon bei der Annäherung an die Bahn oder beim Anhalten vor der Kreuzung alle Gefährdungen, Behinderungen und Beschädigungen der Bahn zu vermeiden, das Überfahren aber ohne jeden Aufenthalt vorzunehmen (§ 42 BOStrab.). In der Regel wird hier die Vorfahrt der Straßenbahn durch Warnkreuze und Warnlichter angezeigt (§ 11 aaO.) wie bei der Eisenbahn (s. VIII). Für das Befahren von höhengleichen Kreuzungen mit Eisenbahnen, die der EBBO. unterstehen, sind deren Bestimmungen maßgebend (§ 36 Abs. 1 BOStrab.). Im übrigen können die Aufsichtsbehörden weitere Sicherheitsmaßnahmen anordnen.

Fußgänger dürfen den Straßenbahnkörper mit Berechtigungsausweis betreten (§ 41 BOStrab.), sonst nur an den gekennzeichneten Übergängen und müssen ihn wie Fuhrwerke ohne jeden unnötigen Aufenthalt überschreiten.

Die Aufklärung eines Unfalls hat also von dem Vorrecht der Straßenbahn und dem grundsätzlichen Ausschluß des übrigen Verkehrs auszugehen und zu erforschen:

(1) Wo ereignete sich der Unfall, auf der allgemeinen Kreuzung oder dem Fußgänger-Übergang oder auf einem für den allgemeinen Verkehr verbotenen Teil der Strecke?

(2) Durfte der Verkehrsteilnehmer die Bahn an der Unfallstelle überhaupt überschreiten? Was führte zum Unfall: Nicht rechtzeitiges Freimachen der Strecke, Betreten des Bahnkörpers, obwohl die Straßenbahn schon in naher Sicht war? Wurden Schranken oder Einfriedungen eigenmächtig geöffnet oder übersprungen?

(3) Sind die vorgeschriebenen oder nötigen Verkehrssicherungen vorhanden, sichtbar und eindeutig erkennbar? Sind für die Unfallstelle von der Aufsichtsbehörde besondere Sicherheitsvorkehrungen angeordnet?

VIII. Zusammenstöße mit der Eisenbahn

1. Die Eisenbahnanlage und ihr strafrechtlicher Schutz

Zusammenstöße von Straßenfahrzeugen mit der Eisenbahn passieren an schienengleichen Bahnübergängen, das sind alle Kreuzungen einer Straße mit Strecken der Deutschen Bahn, der nicht staatseigenen Bahnen des allgemeinen Verkehrs, sowie der nebenbahnähnlichen Kleinbahnen im ehemals preußischen Staatsgebiet und der diesen gleich zu achtenden Bahnen in den übrigen Ländern (Erl. d. RVM. v. 24. 9. 1935, RVBl. B 146), also auch die Industriebahnen der Großstädte, nicht aber die jetzigen innerstädtischen Schuttbahnen, die stets nur vorübergehend und behelfsmäßig angelegt sind. Bei den Straßenfahrzeugen macht es rechtlich keinen Unterschied, ob es sich um ein motorisches, um ein nichtmotorisches Fahrzeug oder um einen sonstigen Verkehrsteilnehmer handelt, weil Eisenbahnzüge auf ihren Gleisen ein unbedingtes Vorrecht haben, so daß die StVO. dort keine Anwendung findet (vgl. § 13 Abs. 5 aaO.) und jeder Straßenbenutzer zurückstehen muß. Das gilt auch für Straßenbahnen (vgl. § 10 Abs. (1) und (2), § 36 Abs. 1 BOStrab.). Der strafrechtliche Schutz der Eisenbahn ist neben den Übertretungen der §§ 79—82 EBBO. in den Strafandrohungen der §§ 315, 316 StGB. (s. S. 191) enthalten. Im vorliegenden Zusammenhang, wo es sich um Störungen des Eisenbahnbetriebs durch nicht schienengebundene Verkehrsteilnehmer, selten durch Straßenbahnen handelt, ist in der Regel nur der Tatbestand der fahrlässigen Transportstörung gegeben.

Entscheidend für die Unfallaufklärung sind die Verkehrslage am Unfallort und seine Sicherung gegen Zusammenstöße. Hinsichtlich des Unfallortes frägt es sich demnach:

(a) Wie verläuft der Bahnkörper, auf einem Damm oder in einem Einschnitt, gerade oder in einer Kurve?

(b) Wie verläuft die Straße im Verhältnis zum Bahndamm, senkrecht oder im spitzen Winkel? Ändert sich der Verlauf der Straße unmittelbar (Entfernung?) vor dem Bahnübergang?

(c) Welche Sicht hat man während der Anfahrt auf die Kreuzung? Ist sie beeinträchtigt durch die rechtwinkelige Kreuzung oder durch Wald, Gebüsch usw.?

Wie ist der Bahnübergang gesichert?

(a) Ist er beschrankt oder nicht? In welcher Zeit kann die Schranke herabgelassen werden (von Bedeutung, wenn ein Fahrzeug innerhalb der geschlossenen Schranken vom Zug erfaßt wird)?

(b) Sind die Schranken durch das Bahnpersonal rechtzeitig geschlossen, aber von Unbefugten wieder geöffnet worden?

(c) Sind bei fernbedingten Schranken vor dem Schließen Läutzeichen oder sonstige akustische Signale ertönt?

(d) Wie ist der unbeschrankte Übergang gesichert?

(e) Sind innerhalb bebauter Gebiete vor der unbeschrankten Kreuzung die vorgeschriebenen Zugsignale (Dampf- oder Handpfeife, Glocke) gegeben worden oder war ein Mann zur Warnung der kreuzenden Straßenbenutzer aufgestellt?

(f) Ist der Bahnübergang überhaupt als solcher durch: Warnkreuze, Warnlichter, Warntafeln und Baken (Anl. I z. StVO., A I a Abs. 3 sowie Abb. 5—10 dazu) auf der Anfahrtsstraße erkennbar gemacht? Warnkreuze usw. bestimmen die Stelle, an der Fahrzeuge anhalten müssen, wenn die Schranke geschlossen ist oder ein Zug sich nähert oder die Läutvorrichtung der Schranken ertönt (§ 79 EBBO.).

(g) Sind Tafeln, Baken, Warnkreuze und Warnlichter gut sichtbar oder durch überhängende Bäume, Gebüsche usw. verdeckt?

(h) Hat das Warnlicht (rotes Blinklicht - Halt!) tatsächlich funktioniert? Ist das Tragschild trotz Erlöschen des Blinklichtes durch Rückstrahler oder eine gleichwertige Einrichtung für Scheinwerfer auffallend kenntlich gemacht? Dabei ist zu bedenken, daß der Wegübergang ungesichert ist, wenn das Blinklicht am Tragschild des Warnlichtes nicht aufleuchtet.

(i) Sind für das Befahren und Überqueren der Kreuzung seitens der Bahnverwaltung besondere Dienstanweisungen erlassen?

Bild 12

Bild 13

Bild 14

Bild 15

2. Das Verhalten des Eisenbahnpersonals

a) Das Lokpersonal

Der Lokführer als der für die Fortbewegung des Zuges Verantwortliche hat auf die Bewegungen des Zuges zur Verhütung von Unfällen ganz geringe Einwirkungsmöglichkeiten. Sie beschränken sich im wesentlichen auf die Einhaltung der vorgeschriebenen oder zugelassenen Geschwindigkeiten, auf die Beobachtung der Fahrstrecke, auf das Abgeben von Warnsignalen an bestimmten Stellen oder bei Gefahr überhaupt, auf Bremsen und Anhalten bei rechtzeitig erkannter Gefahr sowie nach einem Unfall. Über das Verhalten des Lokführers und seines Personals ergeben sich demnach meist nur folgende Fragen:

(1) Welche Geschwindigkeit hatte der Zug (vorgeschriebene und tatsächlich gefahrene)? Wieviele Wagen (Achsen) hatte der Zug?

(2) Wurde die Fahrstrecke vom Lokpersonal nach Vorschrift beobachtet?

(3) Welche besonderen Anweisungen bestanden für das Befahren der Unfallstelle: Langsamfahren (Kilometer-Höchstgeschwindigkeit), Läut- oder Pfeifensignale?

(4) Hatte der Zug freie Fahrt oder war die Strecke für ihn gesperrt?

(5) An welcher Stelle befand sich die Spitze des Zuges, als das Lokpersonal das kreuzende Fahrzeug bemerkte? Was konnte der Lokführer zur Vermeidung des Unfalls noch tun und was hat er getan?

b) Die Schrankenbedienung

(1) Werden die Schranken von Hand bedient oder mechanisch durch Fernleitung? Welcher Schrankenwärter hat sie unmittelbar bedient?

(2) Wie weit war der Verkehrsteilnehmer (Kraftfahrer) nach Ansicht des Schrankenwärters noch entfernt, als die Schranke niederging? Hat der Wächter dem Kraftfahrzeug noch be-

sondere Warnsignale durch Winken, Zuruf, Schwenken einer Flagge gegeben? Welche Beobachtungen hat er sonst über den Unfall gemacht?

Diese Fragen sind nicht nur zu klären, wenn es sich um Bahnen des allgemeinen Verkehrs handelt, sondern auch bei Industriebahnen usw., deren Züge nur vereinzelt verkehren. Sie gelten auch bei Unfällen, die sich an Kreuzungen mit den heute in den Großstädten vielfach vorhandenen Schuttbahnen ereignen. Hier ist in jedem Einzelfall festzustellen, welche besonderen Dienstanweisungen für die Überwachung und das Befahren der Straßenkreuzung erlassen sind und inwieweit sie im gegebenen Fall beachtet oder verletzt wurden.

3. Das Verhalten des Kraftfahrers

Der Kraftfahrer muß sich nach der Rechtsprechung darauf einstellen, daß die besondere Betriebsgefahr der Eisenbahn von ihm erhöhte Aufmerksamkeit verlangt. Unfälle ereignen sich beim Überqueren der Schienen vor allem durch

a) Nichtanhalten vor einer geschlossenen Schranke oder dem unbeschrankten oder nicht geschlossenen Übergang, obwohl das Herannahen eines Zuges oder eines sonstigen Eisenbahnfahrzeugs bereits angekündigt ist;

b) Fahren über die Schienen, ohne sich von dem Herankommen eines Zuges zu vergewissern oder in der Erwartung, die Gleise noch vor dem Zug überqueren zu können.

Zum Zwecke der Unfallverhütung schreibt § 9 StVO. bei Annäherung an einen schienengleichen Bahnübergang mäßige Geschwindigkeit vor. Mäßig ist sie, wenn sie so gedrosselt ist, daß der Führer vor jedem Hindernis sofort anhalten kann. Eine Schrecksekunde wird ihm in einem solchen Fall nicht zugebilligt. Es ist daher zu ermitteln:

(a) Welche Geschwindigkeit hatte das Kraftfahrzeug? An welcher Stelle hat es sein Tempo verringert?

(b) Hat sich der Führer überzeugt, ob die Schranken offen sind und offen bleiben und die Überfahrt frei ist, oder ob die Schranken im Begriff sind sich zu senken? Er muß sich, wenn er durch eine Warntafel bzw. ein Warnkreuz auf den Bahnübergang aufmerksam gemacht ist und keine Übersicht über die Strecke hat, so langsam an den Übergang herantasten, daß er bei dessen Auftauchen in der Lage ist sofort anzuhalten. Hatte der Führer genügend Überblick über die Bahnstrecke nach rechts und links, um sie übersehen und bei offenen Schranken ohne Gefahr überqueren zu können?

(c) Konnte der Führer vor dem vorher nicht erkannten Übergang noch anhalten?

(d) Hat der Führer die Bahnsignale (Pfeifen, Läuten) gehört, an welcher Stelle befand er sich, als sie ertönten? Waren die Läut- und Pfeifensignale laut genug, um das Fahrgeräusch des Kraftfahrzeugs genügend zu übertönen (vgl. RG. 23. 2. 1938, VI 240/37). Wer hat die Bahnsignale noch gehört, in welcher Entfernung und auf welcher Seite der Gleise befanden sich diese Zeugen? Welcher Wind hat geweht (Einfluß auf die Schallstärke)?

Bilder 12 bis 16 (s. S. **123** ff., **133**) **und Skizze 11** (S. **134**), Unfall beim unvorsichtigen Überqueren einer Industriebahn.

IX. Tiere auf der Fahrbahn

1. Treiben und Führen von Tieren

Hier kommen in Betracht:

a) Einzelne Rinder, Pferde;
b) größere Straßentransporte von Pferden oder Rindern (von und zu den Märkten und Schlachthöfen);
c) Herden von Kühen, Schafen (s. DA. zu § 40 StVO.), Schweinen, Gänsen.

Auch getriebene und geführte (nicht eingespannte) Tiere brauchen einen geeigneten Führer (§ 40 Abs. 1 StVO.), d. h. er muß seiner geistigen und körperlichen Eignung, seinem Alter nach usw. den Anforderungen des Verkehrs gerecht werden können. Wer hat die Tiere geführt oder getrieben? War er für diese Aufgabe geeignet? Wo wurden sie geführt (getrieben); war der benutzte Straßenteil für Viehtransporte verboten, sei es gemäß dem besonderen Zweck des Straßenteils (Autobahn, Radweg, Fußweg) oder weil die Straße durch Polizeiverordnung überhaupt oder während der Unfallzeit gesperrt ist (s. § 40 Abs. 6 StVO.)? Hat der Transport die äußerste rechte Straßenseite eingenommen (§ 40 Abs. 2 und 3 StVO.)? Waren die Tiere (a und b) zum Verkehr auf öffentlicher Straße geeignet oder als bösartig (vgl. § 367 Nr. 11 StGB.), altersschwach bekannt (§ 40 Abs. 1 S. 2 StVO.)?

War der Vieh- bzw. Pferdetransport nachts bzw. bei starkem Nebel entsprechend beleuchtet (Abs. 5 aaO.)? Wurden die Tiere verbotswidrig von Fahrrädern aus geführt (§ 31 Abs. 2 StVO.)?

2. Scheuen von Tieren

Scheuen, Ausschlagen und Durchgehen von Tieren — eingespannten und nicht eingespannten — darf weder durch das Motor- und Fahrgeräusch noch durch überlaute Hupensignale veranlaßt werden (s. §§ 1, 12 Abs. 2 StVO.). Der Kraftfahrer hat deshalb langsam zu fahren, anzuhalten, den Motor abzustellen, das Hupen zu unterlassen, wenn durch die Anwesenheit seines Fahrzeugs Tiere unruhig werden. Andererseits dürfen Tiere, die leicht scheuen, niemals längere Zeit ohne wirksame Aufsicht bleiben (vgl. §§ 20, 32 StVO.). Wird die Ursache eines Unfalls in Verfehlungen gegen diese Grundsätze vermutet, so ergeben sich die entsprechenden Fragen von selbst. Vgl. auch S. 69 und 97.

3. Frei umherlaufende Tiere

Hunde, Katzen, Geflügel sind mangels menschlichen Einflußes völlig unberechenbar und können namentlich den Kraftfahrer zu Maßnahmen mit unabsehbaren Folgen zwingen. Das gilt ganz besonders für Hunde. Zwar können solche Tiere im Notstand überfahren werden (§ 54 StGB.), um dadurch eigene Menschenleben zu retten. Trotzdem bleiben noch genug Fälle übrig, in denen die Ausweichbewegung oder sonstige Gegenmaßnahmen des Kraftfahrers durch Anfahren an Häuser, Bäume usw. zu Sachschaden und schweren Verletzungen des Fahrers selbst oder der Fahrgäste führen. In allen Fällen bleibt aber, abgesehen von der Frage des Tierhalters, zu klären: An welcher Stelle hat der Fahrer den Hund usw. beobachtet oder beobachten können? Wie weit weg von der Unfallstelle? Welche Maßnahmen hat er beim Auftauchen der Gefahr getroffen?

Bei Annäherung an einen bekannten Wildwechsel muß der Kraftfahrer so fahren, daß er den aus dem plötzlichen Auftreten von Wild sich ergebenden Gefahren innerhalb der Bremsstrecke mit Erfolg begegnen kann. Unfälle durch Wild (namentlich auf den Autobahnen) ergeben ein strafrechtliches Problem nur, wenn durch das Zusammentreffen mit Wild ein Unfall für Fahrgäste oder für andere, meist nachfolgende Fahrzeuge entstanden ist. Die polizeilichen Nachforschungen müssen sich deshalb regelmäßig vor allem auf die Frage konzentrieren: Mußte der Kraftfahrer an dem Unfallort mit dem Auftreten von Wild rechnen und daher besondere Sorgfalt aufwenden?

C. Tatbestandsaufnahme. Sicherung der Spuren und sonstigen Beweismittel

Die Aufnahme des objektiven Befundes am Unfallort umfaßt die planmäßige Aufsuchung und Feststellung alles dessen, was für die Aufklärung des Unfallvorganges von Bedeutung ist oder sein könnte. Dazu gehört insbesondere

a) die Feststellung der zurückgebliebenen Spuren und sonstigen Beweismittel (II) durch Beschreibung (III, 2), Zeichnung (III, 3) und Lichtbild (III, 4);

b) die Sicherstellung, evtl. Beschlagnahme (s. S. 15) der beweglichen Beweismittel;

c) nötigenfalls die Heranziehung des amtlichen Kraftfahrzeugsachverständigen sowie des ärztlichen Sachverständigen (V).

Dabei sind unter Berücksichtigung der Eigenart des Verkehrsunfalles als einem Fahrlässigkeitsdelikt oder einem unabwendbaren Ereignis alle anwendbaren Methoden der Kriminaltaktik und alle geeigneten Hilfsmittel der Kriminaltechnik heranzuziehen, die zur Aufklärung des Unfalls, häufig einer Verkettung von Schuld und Zufall, beitragen können.

Der Erfolg der Tatbestandsaufnahme ist naturgemäß um so größer, je mehr objektive Beweismittel einschließlich der unfallbeteiligten Fahrzeuge zur Verfügung stehen. Die sofortige Aufnahme des Tatbefundes hat insbesondere den Vorzug, daß widersprechende Aussagen der Zeugen und Beschuldigten an Ort und Stelle geklärt, mindestens ausreichend erörtert werden können. Unterlassungen, die bei der Tatbestandsaufnahme begangen worden sind, lassen sich selten mehr gut machen, fügen deshalb der Wahrheitsfindung im Unfallprozeß schwersten Schaden zu.

I. Art und Bedeutung der Spuren und sonstigen Beweismittel für die Aufklärung des Unfalltatbestandes

Spuren (II, 1, 2, 7) sind hier wie in der Kriminalistik überhaupt Eindrücke, Abdrücke und Flecken, welche die beteiligten Personen, Fahrzeuge oder Tiere am Unfallort und seiner Umgebung zurückgelassen oder von dort mit sich fortgenommen haben. Beweisstücke (II, 3—6) sind die beschädigten Fahrzeuge und Tiere, abgerissene (fortgeschleuderte) oder verlorene Gegenstände, die am Unfallort zurückgeblieben oder — ausnahmsweise — von dort mitgenommen worden sind und welche für die Untersuchung und Aufklärung des Unfalls von Bedeutung sind oder sein könnten. Soweit Personenschäden eingetreten sind, sind die Verletzten und die Körper der getöteten Personen, Art und Sitz ihrer Verletzungen, die Beschädigungen ihrer Kleidung usw. entscheidende Beweismittel.

Spuren und Beweisstücke sind die stummen, unbeeinflußbaren Zeugen des Vorgangs. Ihre Art und Entstehung, ihre Lage überhaupt und untereinander bilden die zuverlässigste Grundlage für die Entscheidung des Gerichts, strafrechtlich inwieweit eine zu ahndende Schuld der beteiligten Personen vorliegt, zivilrechtlich inwieweit der Unfall einen Schadenersatzanspruch rechtfertigt. Zunächst aber dienen sie der polizeilichen Unfallaufklärung als der Vorstufe der strafgerichtlichen Entscheidung.

Wichtig ist gegebenenfalls die Feststellung, daß Spuren und andere Beweismittel, die nach der Lage des Falls zu vermuten waren, nicht vorhanden waren oder nicht aufgefunden werden konnten.

II. Die einzelnen Spuren und sonstigen Beweismittel

1. Art und Fundort der Spuren im allgemeinen

Eindrücke entstehen vor allem am Kraftfahrzeug und Fahrrad durch die Wucht des Zusammenstoßes oder den Anprall an andere feste Körper (Mauern, Masten usw.). Im übrigen können Eindrücke auf allen weichen bzw. nachgiebigen Unterlagen gefunden werden: Sand, Staub, Schmutz, Lehm, im Sommer auch auf der Teerdecke der Straße, im Winter im Schnee. Gewaltsam hervorgerufen erscheinen sie auch als Riß- oder Kratzspuren scharfer oder spitziger Gegenstände auf harter Unterlage, z. B. eines Achsstummels, eines Trittbretts, einer gebrochenen Motorradgabel, der Schneekette eines blockierten oder schleudernden Fahrzeugs.

Abdrücke bleiben zurück auf harter Unterlage. Dazu gehören alle Radspuren (II, 2) auf der Basalt-, Beton-, Asphalt- oder Steinplattendecke der Straße, wenn die Laufflächen der Räder vorher durch nasse, schmutzige oder verölte Straßenstrecken gelaufen sind. Andererseits zählen hierher auch die Finger- und Handabdrücke auf glatter Unterlage (s. S. 146) sowie die Reifenabdrücke auf dem Körper oder der Kleidung Überfahrener oder die Abdrücke von Kühlerzellen auf der Haut von Personen, die gegen den Kühler geschleudert wurden und sich dort verbrannten.

Flecken stammen von Blut verletzter oder getöteter Menschen oder Tiere, von Flüssigkeiten, die von einem der Unfallbeteiligten befördert wurden oder sie entstehen durch Ausfluß von Wasser, Öl oder Kraftstoff aus dem Fahrzeug.

Spuren und sonstige Beweismittel können sich befinden, sind deshalb nötigenfalls sorgfältig zu suchen

(1) an, unter und in den beteiligten Fahrzeugen,

(2) auf der Straßendecke,

(3) an Häusern und sonstigen unbeweglichen Gegenständen (Randsteinen usw., s. auch II, 6),

(4) in der Umgebung der Unfallstelle, in Straßengräben, angrenzenden Äckern und Wiesen, städtischen Anlagen, Hausgärten usw., wo die Fahrzeuge zum Stehen kamen oder abgerissene Fahrzeugteile, Gepäckstücke, Kopfbedeckungen und dgl. angefahrener oder überfahrener Personen niederfielen (s. auch II, 7).

Darnach müssen festgestellt werden:

Am Fahrzeug: Die Anstoßstellen der verschiedensten Art und Schwere (II, 5), das Fehlen von abgerissenen Fahrzeugteilen wie Fahrtrichtungsanzeigern, Türgriffen, Radkappen, Kühlerfiguren, Fahrradpedalen usw., die u. U. aber im Schnee, in einem Getreide-, Klee- oder Kartoffelacker verschwunden oder ins Wasser gefallen sind; ferner Kleiderfetzen, Körperspuren wie Blut- und Haarspuren, Hand- und Fingerabdrücke (s. II, 7), Hautfetzen, Gehirn- und Gewebeteile, Knochensplitter von Menschen oder Tieren, insbesondere auch an den Unterseiten;

Spuren des Fahrzeugs: a) Auf der Straßendecke: Radspuren jeder Art (II, 2), Ausfluß von Öl, Kraftstoff oder beförderten Flüssigkeiten; sie bezeichnen Zusammenstoßstelle und zurückgelegte Wege; abgesprungener Lack, trockener Straßenschmutz, der beim Zusammenstoß von den Kotflügeln und Trittbrettern der Kraftwagen, von Schutzblechen der Motorräder abgefallen ist;

b) an Häusern und sonstigen festen Widerständen: Anprall- und Kratzspuren.

Bild 16

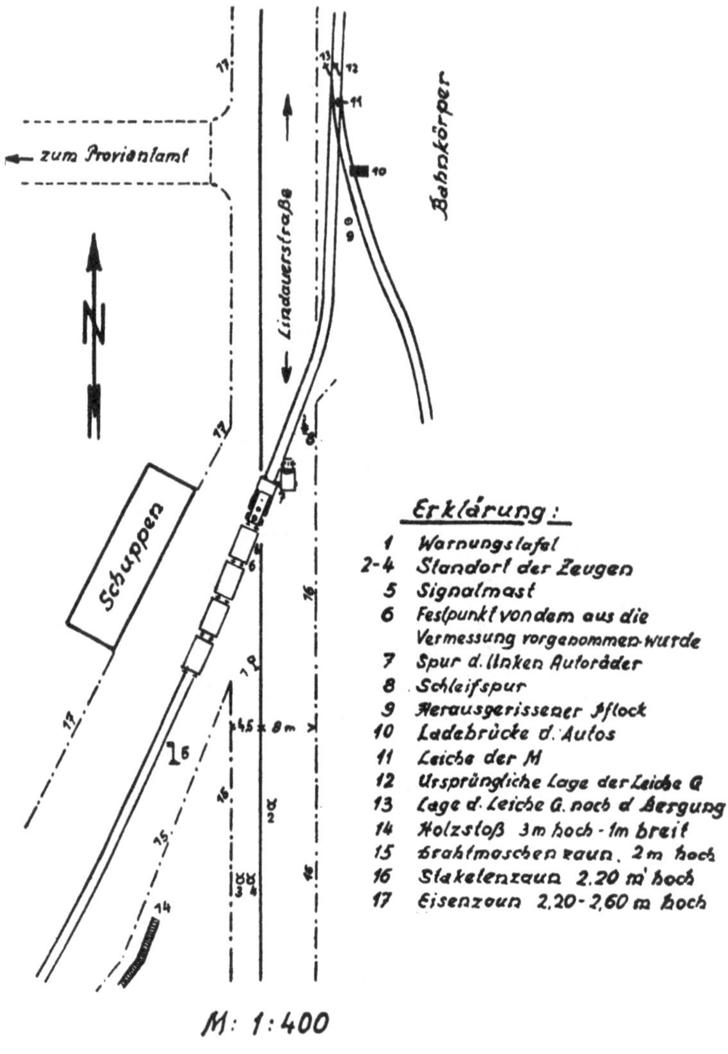
zum Proviantamt
Lindauerstraße
Bahnkörper
Schuppen
N
4,5 x 8 m
Erklärung:
1 Warnungstafel
2-4 Standort der Zeugen
5 Signalmast
6 Festpunkt von dem aus die Vermessung vorgenommen wurde
7 Spur d. linken Autoräder
8 Schleifspur
9 Herausgerissener Pflock
10 Ladebrücke d. Autos
11 Leiche der M
12 Ursprüngliche Lage der Leiche G
13 Lage d. Leiche G. nach d. Bergung
14 Holzstoß 3m hoch - 1m breit
15 Drahtmaschenzaun, 2m hoch
16 Stakelenzaun 2.20 m hoch
17 Eisenzaun 2,20-2,60 m hoch
M: 1:400

Skizze 11

2. Radspuren

Radspuren jeder Art zeigen den Weg, den ein Fahrzeug vor und während des Unfalls zurückgelegt hat. Die Radspuren (Signaturen s. Anlage 2) können sein:

Fahrspuren; sie ergeben sich von den nicht abgebremst rollenden Rädern;

Bremsspuren; sie entstehen durch noch rollende, aber schon abgebremste Räder;

Blockierspuren; sie entstehen durch nicht mehr rollende, völlig abgebremste (blockierte) Räder eines noch nicht völlig zum Stillstand gekommenen Fahrzeugs;

Schleuderspuren; sie sind Rad-, meist Blockierspuren, die durch das ins Schleudern geratene Fahrzeug seitlich, schräg oder quer zur Radebene auf der Fahrbahn verursacht werden;

Rutschspuren; sie werden durch die eigene Schwerkraft des auf der glatten, schlüpfrigen, vereisten oder schneebedeckten Fahrbahn gleitenden Fahrzeugs verursacht.

Radspuren, insbesondere Fahr- und Bremsspuren können trotz gleicher Reifengröße von verschiedener Breite sein, entweder infolge einseitiger Belastung oder verschiedenen Luftdrucks.

Identifizierung von Radspuren jeder Art durch bloßen Augenschein ist absolut wertlos und deshalb unzulässig. Notwendig ist vielmehr stets möglichst zeichnerische und photographische Festhaltung.

Bei der Suche nach Radspuren und ihrer Aufnahme ist die Gefahr sehr groß, falsche Spuren aufzunehmen. Um dies zu vermeiden, sind die Spuren von den Rädern aus nach rückwärts zu untersuchen und nicht umgekehrt. Radspuren usw., die durch Laien festgestellt sind, darf der Beamte nur nach sorgfältiger eigener Nachprüfung aufzeichnen. Kann man die Spur nicht bis unter die Räder des noch vorhandenen Fahrzeugs verfolgen, so sind Vergleichungen zwischen dem Abdruck des Reifenmusters auf der Straße und den Profilformen auf dem Reifen des betreffenden Fahrzeugs anzustellen. Ist das Fahrzeug nicht mehr am Platz, so muß es zum Zwecke des Vergleichs sofort sichergestellt, nötigenfalls müssen die zu vergleichenden Muster abgezeichnet oder photographiert werden (s. III, 4). Zweckmäßig ist, soweit überhaupt notwendig, die zur Kenntlichmachung der Spuren verwendeten Papier- oder Blechstreifen (Bild 2 und 3) mitzuphotographieren, in der Beschreibung aber zur Vermeidung von Mißverständnissen auf die Verwendung dieser Hilfsmittel hinzuweisen. Die festgestellten Fahrspuren sind nach rückwärts so weit als möglich zu verfolgen, um die Einhaltung der Fahrordnung zu erkennen.

a) Fahrspuren

Aus den Fahrspuren, soweit sie die Straßendecke aufgenommen hat, (Rauhasphalt, Groß- und Kleinpflaster sind dafür wenig empfänglich) ersieht man im besonderen die Reifenprofilierung und bei Kraftfahrzeugen, die mehr als zwei Räder haben, deren Spurweite (s. S. 25). Beide zusammen beweisen, wenn das Maß der Beteiligung mehrerer Fahrzeuge am Unfall umstritten ist, den Weg jedes einzelnen der Fahrzeuge.

Die Bereifung ist die Visitenkarte des Kraftfahrzeugs und das wichtigste Mittel zu seiner Identifizierung. An sich zeigt sich ihre besondere Note durch die Schärfe der Profilierung und durch den Unterschied zwischen Luftreifen, Elastik-, Vollgummi- oder Eisenbereifung (s. S. 25). Ungünstig ist jedoch in der Gegenwart, daß die Mehrzahl der Reifen stark abgefahren ist und häufig außer Flickstellen wenig charakteristische Merkmale zurückbleiben. Der nicht allzu häufige Fall, daß ein Lastfuhrwerk gummibereift ist, bereitet der Unfalluntersuchung keine Schwierigkeiten.

Derselbe Reifen zeigt Erhöhungen (Abdrücke) auf trockenem Boden, wenn er vorher eine nasse Strecke durchfahren hat; er zeigt Vertiefungen (Eindrücke), wenn sich die Spur auf feuchtem Boden, nassem Sand usw. abdrückt. Ist der Kraftfahrer nach dem Unfall geflohen, so besteht unter besonders günstigen Umständen (Abwechslung von trockenen und nassen Stellen) die Möglichkeit, den Weg des flüchtigen Fahrzeugs zu verfolgen. Auf der Landstraße liefert auch die Fahrt durch Kuh- oder Pferdekot brauchbare Spuren.

Wichtig für die Aufklärung des Unfallhergangs ist beim Nebeneinanderlaufen mehrerer Spuren eines Zuges die Feststellung, welches Fahrzeug den Hauptzusammenstoß gehabt hat. Meist ist der Anhänger breiter als das ziehende Fahrzeug, insbesondere regelmäßig breiter als die Zugmaschine.

Das „Signalement" der Bereifung wird bedeutend besser, wenn die Spuren der Vorder- und Hinterräder in einer starken Kurve getrennt erscheinen, da auf der Geraden — trotz des Unterschieds der Spurweite zwischen Vorder- und Hinterrädern — die letzteren die Spuren der Vorderräder regelmäßig wieder auswischen.

Fahrspuren sind, soweit sie erkennbar sind, schmal. Die Bremsspur dagegen ist verbreitert, die Reifenzeichnung verwischt sich, beiderseits der Spur sind u. U. weggefegte Teilchen der Fahrbahnoberfläche zu sehen.

b) Bremsspuren

Als Beweis für die Geschwindigkeit vor dem Unfall muß die Länge der Bremsspur mit herangezogen werden, wenngleich sie als ausschließliches Beweismittel für die Höhe der Geschwindigkeit mit Recht umstritten ist. Je höher die Geschwindigkeit des Fahrzeugs ist, desto länger und im weichen Boden tiefer ist auch die Bremsspur. Sie ist wiederum länger, wenn das Fahrzeug nur mit Zweiradbremse versehen ist, als wenn Vorder- und Hinterräder zugleich abgebremst werden können (Regelfall beim modernen Kraftwagen; siehe im übrigen S. 26). Bremsspuren sind verschieden deutlich, wenn die Bremsen nicht gleichmäßig eingestellt sind.

Es ist demnach zu ermitteln: Wielange ist die Bremsspur einschließlich der Blockierspur? Wo beginnt, wo endet sie? Wie verläuft sie, gerade oder gekrümmt (Skizze!)? Ist die Bremsspur in eine Blockier-, Schleuder- oder Rutschspur übergegangen?

Angaben über die Länge der Bremsspur sind jedoch für die nachträgliche Berechnung der tatsächlichen Geschwindigkeit des

Fahrzeugs wertlos, wenn nicht gleichzeitig der Einfluß der übrigen Faktoren auf die Bremswirkung berücksichtigt wird, nämlich Art und Zustand des Straßenbelags, Neigungswinkel (Steigung oder Gefäll) der Straße, Witterung und ihr Einfluß auf die Beschaffenheit der Straßendecke, Belastung des Kraftfahrzeugs, Zustand der Reifen und der Bremsen, namentlich des Bremsbelags.

Infolgedessen sind auch alle Tabellen, welche aus der Länge des Bremsweges die Geschwindigkeit errechnen, irreführend und deshalb wertlos. Sie geben nur Solldurchschnitte wieder ohne Berücksichtigung der besonderen Umstände zur Zeit des Unfalls und des Zustandes des Unfallfahrzeugs. Die tatsächlich gefahrene Geschwindigkeit kann deshalb nur annähernd errechnet werden, so daß der Vergleich mit einer Tabelle höchstens grobe Abweichungen vom Normalfall dartut. Jedenfalls sind derartige Berechnungen grundsätzlich dem amtlichen Sachverständigen vorbehalten.

Außerdem kommt zum technischen Bremsweg auch noch der Reaktionsweg (s. S. 36 und 74).

Wo Bremsspuren fehlen (z. B. auf nassem Pflaster, vereister Straße, bei abgenutzten Reifen), muß auf Grund der Aussagen des beschuldigten Fahrers und von Unfallzeugen trotzdem versucht werden, ein Bild der Geschwindigkeit vor dem Unfall schätzungsweise zu bekommen.

c) Blockierspuren

Durch scharfes und ruckartiges Anziehen der Bremsen wird der Umlauf der Räder gehemmt (blockiert). Da die Schiebekraft des in Bewegung gewesenen Fahrzeugs aber noch nachwirkt, wird das Fahrzeug bzw. die blockierten Räder nach Eingreifen der Bremsen ein Stück weiter geschoben, wodurch die Blockierspur entsteht. Sie läßt keine Reifenmuster mehr erkennen. Bei der Berechnung der Bremsstrecke ist sie der Länge der Bremsspur zuzurechnen.

d) Schleuderspuren

Die Gefahr des Schleuderns eines Kraftfahrzeugs ist sehr groß. Schleudern tritt beim Bremsen aus technischen Gründen ein:

(1) Wenn die auf die Maschinenwelle wirkende Getriebebremse allein angewandt wurde, so daß die Triebräder trotz stillstehender Nockenwelle infolge ungenügenden Reibungswiderstandes der Straße sich weiterdrehen, und zwar nunmehr u. U. (in der Kurve) das eine vorwärts, das andere rückwärts;

(2) wenn infolge ungleichmäßiger Wirkung der Vierradbremse eines der Hinterräder früher abgebremst wird als das andere. Ungleichmäßige Wirkung wiederum kann eintreten durch ungleiche Einstellung der Bremsen sowie Verölung oder starke Abnutzung des Bremsbelages.

Schleudern infolge menschlicher Unzulänglichkeit, d. h. von Fehlern der Fahrtechnik tritt ein:

(1) beim unvorsichtigen Befahren von feuchten, vereisten oder sonst sehr glatten Straßen;

(2) wenn die Geschwindigkeit in der Kurve zu hoch war (die Schleudergefahr steigt mit zunehmender Geschwindigkeit im Quadrat);

(3) wenn in Kurven plötzlich stark gebremst wurde;

(4) wenn bei hoher Geschwindigkeit die Steuerung plötzlich in eine andere Richtung gerissen wurde.

Die Wahrscheinlichkeit des Schleuderns ist um so größer, je glatter die Fahrbahn und je abgefahrener die Reifen sind, weil damit der Reibungswiderstand (Adhäsionswirkung) des Reifenprofils wegfällt.

Schleuderspuren liegen in einem spitzen oder stumpfen Winkel bzw. in einem Kreisbogen zur bisherigen Fahrtrichtung, Vorder- und Hinterräder laufen nicht mehr auf einer Spur. Aus ihrer Lage ist die Wucht zu erkennen, mit der das Fahrzeug aus der ursprünglichen Fahrtrichtung abgelenkt wurde (s. Skizze 6 S. 93).

3. Verletzungen von Menschen

Blutlachen auf der Straße bezeichnen entweder die Stelle, an der jemand schwer verletzt wurde oder an der ein Verletzter oder bereits Toter, der vom Fahrzeug mitgeschleift worden ist, liegenblieb. Blutspuren, Fleisch-, Fett- und Gehirnteile, Haare, Knochensplitter an der Karosserie, den Kotflügeln, Trittbrettern, Rädern (zwischen Felge und Reifen) und Stoßstangen von Kraftwagen, den Schutzblechen von Kraft- und Fahrrädern sowie an abgerissenen Fahrzeugteilen, überhaupt an allen Stellen, mit denen ein Unfallopfer in Berührung gekommen ist oder nach dem Hergang des Unfalls in Berührung kommen konnte, sind mit aller Sorgfalt zu suchen und zu sichern. Diese medizinischen Spuren bilden im Zusammenhalt mit den ärztlich festgestellten Verletzungen ein entscheidendes Glied der Beweiskette für den Unfallablauf.

Damit kommen wir zu den Unfallfolgen am menschlichen Körper selbst. Die Verletzungen können innere sein, besonders beim Überfahren- und beim Geschleudertwerden, oder äußere, was der Regelfall ist. Vielfach treffen beide zusammen. Ihre Feststellung ist dem Arzt als dem medizinischen Sachverständigen vorbehalten (s. S. 166). Die Verletzungen können entstanden sein:

Durch Anfahren und Umstoßen — Anprall — von vorne, seitlich oder im Rücken;
durch Schleudern des angefahrenen Fußgängers, Kraft- oder Radfahrers und Aufprall auf dem Fahrzeug, der Straße usw.;
durch Schleifen des angefahrenen oder geschleuderten Körpers; durch Überfahren des abgestürzten (Straßenbahn!), umgerissenen oder mitgeschleiften Körpers (Schleifspuren s. S. 146); Reifenmuster am Überfahrenen (s. S. 102).

Darüber hinaus gibt es natürlich noch zahlreiche Fälle des Zusammentreffens verschiedener Verletzungsarten und -ursachen. Alle diese Hauptarten von Verletzungen zeigen jedoch, abgesehen von den inneren Folgen, mehr oder weniger ähnliche äußere Wirkungen. Namentlich aber sind Anprallverletzungen häufig charaktersisiert durch eine bestimmte Lage und eine bestimmte

Höhe im Verhältnis zur Größe des Verunglückten. Daraus kann man also auf die Richtung schließen, aus welcher der Anstoß erfolgt ist sowie u. U. auf den Fahrzeugteil, der die Verletzung verursacht hat. Die polizeiliche Aufgabe besteht somit darin:

(a) Aus den bekannten Verletzungen auf bestimmte Spuren am Fahrzeug zu schließen und aus beiden den Vorgang zu rekonstruieren oder

(b) an den sichtbaren Anprall- und Aufprallstellen des Fahrzeugs nach Spuren von Verletzungen zu suchen, aus den gefundenen Spuren Schlüsse auf den Vorgang zu ziehen und sie durch die ärztliche Feststellung in Ursache und Wirkung bestätigen zu lassen.

Es ist also stets zu ermitteln:

(1) In welcher Körperstellung erfolgte der Zusammenstoß, im Stehen, Gehen, Liegen, beim Sturz vom Fahrrad oder Motorrad oder bei sonstiger außergewöhnlicher Körperstellung, z. B. beim Abspringen von der Straßenbahn oder beim Aufspringen auf diese?

(2) Wo und in welcher Höhe vom Erdboden befinden sich Spuren, die auf eine Verletzung schließen lassen? Es ist also wichtig, daß die Höhe einer solchen Stelle des Kraftfahrzeugs genau gemessen wird, von der angenommen werden muß, daß sie eine bestimmte Verletzung verursacht hat oder an der Verletzungsspuren vom lebenden Menschen zu finden sind.

(3) Durch welche Teile des Kraftfahrzeugs wurde die Verletzung beigebracht? Namentlich vorspringende Teile (s. S. 145) rufen oft schwere Verwundungen hervor.

(4) Inwieweit sind mehrere Verwundungen einer Person mehreren nacheinander folgenden Unfallphasen zuzuschreiben?

Verletzungen von Fahrgästen im Wageninnern stellen in der Regel kein polizeiliches Problem dar. Das Gleiche gilt vom Kraftfahrer, der am Lenkrad äußerlich verletzt oder erdrückt wurde. Das sind Folgeerscheinungen eines schweren Unfalls, vielleicht aber auch eines Verbrechens oder eines vorgetäuschten Unfalls. Die Untersuchung bei einem solchen Verdacht geht jedoch über den vorliegenden Rahmen weit hinaus.

4. Beschädigung der Kleidung von Unfallopfern

Verletzungen können den bedeckten wie den unbedeckten Körper treffen. Im ersteren Falle ist die Sicherung der Kleidung von Bedeutung, weil sie wichtige Unfallspuren trägt und somit zur Aufhellung des Unfallvorganges wesentlich beisteuern kann. Ist also der Unfallablauf zweifelhaft, so ist es angebracht — nach Möglichkeit — die Kleidung der Unfallopfer sicherzustellen, sofern es sich nicht um Fahrzeuginsassen handelt (s. o.). Bei der Entkleidung Überlebender müssen die Kleider möglichst vorsichtig ausgezogen und richtig konserviert werden. Jedenfalls dürfen die Kleider vor ihrer Auswertung weder gewaschen noch zertrennt noch ausgebessert oder weggeworfen werden. Leichen sollen nicht ausgezogen werden, bevor nicht die Kleidung durch den Sachverständigen (Arzt, Chemiker) untersucht ist, besonders wenn Reifenabdrücke darauf zu vermuten sind. In diesen Fällen sollen die Kleider tunlichst nicht ausgezogen, sondern sorgfältig vom Körper geschnitten werden, um das Spurenbild nicht zu zerstören. Sind Reifenabdrücke ohne weiteres erkennbar, so werden sie am zweckmäßigsten vor Veränderung der Lage des Toten photographiert.

Beschädigte Kleidung hinterläßt u. U. Spuren am Fahrzeug, und zwar in Form von Stoffetzen oder wenigstens einzelnen Fäden (Fasern). Sie sind wie andere unauffällige Spuren mit der Lupe zu suchen und in sauberen Briefumschlägen zu verwahren. Abgerissene Knöpfe sind ebenfalls nicht unwichtig. Wo saßen sie ursprünglich, wo lagen sie nach dem Unfall? An welcher Körperstelle und an welchem Punkt des Unfallortes wurde der Verunglückte sonach erfaßt?

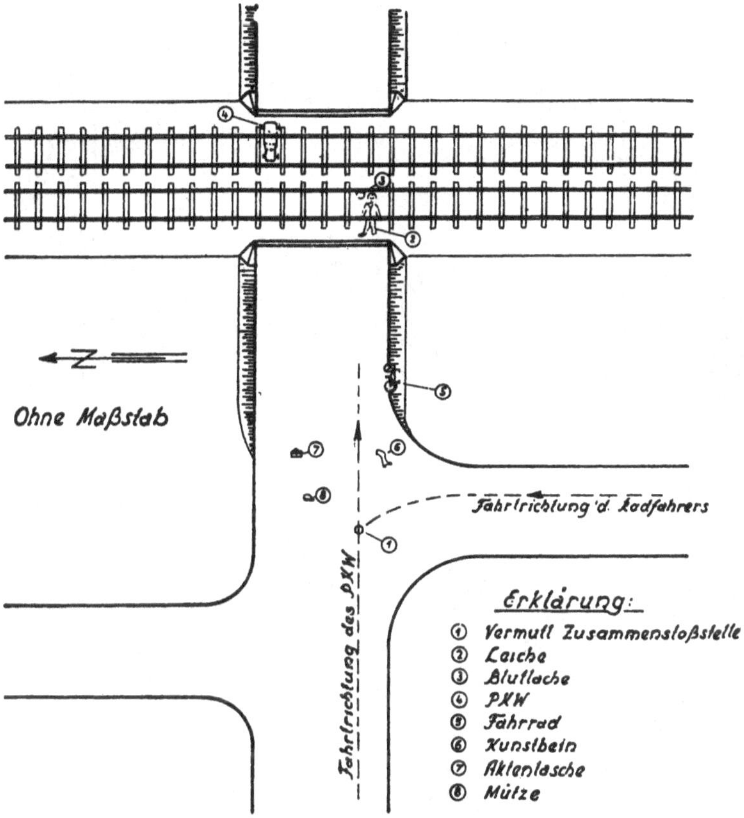
Ohne Maßstab
Z
Fahrtrichtung d. Radfahrers
Fahrtrichtung des PKW
Erklärung:
① Vermutl. Zusammenstoßstelle
② Leiche
③ Blutlache
④ PKW
⑤ Fahrrad
⑥ Kunstbein
⑦ Aktentasche
⑧ Mütze

Skizze 12

Bild 17

Bild 18

5. Beschädigungen am Fahrzeug

Ihre Zahl, Art und Schwere ist unbegrenzt, mag es sich handeln um den Aufbau oder ein beschädigtes Zubehörteil des Kraftwagens, um Fahrrad oder Kraftrad, um Fuhrwerk oder Handwagen, um die Hauptanstoßstellen oder um begleitende Schäden, um schwere Verbeulungen der Karosserie, Zertrümmerung der LKW.-Bordwände, Verkrümmungen, Verbiegungen, Abreißen vorspringender Teile wie Fahrtrichtungsanzeiger, Lampen, Stoßstangen, Nummerschilder, Zerstörung des Kühlers, um Fahrradpedale usw.

Äußere Fahrzeugschäden sind in der Regel Folge des Unfalls, innere Schäden können Folge, aber auch Unfallursache sein, z. B. Feder- und Achsbrüche.

Den Beschädigungen wohnt im Zusammenhang mit gleichzeitig eingetretenen menschlichen Verletzungen (II, 3) die stärkste Beweiskraft für den Unfallhergang inne. Beispielsweise können von einem angeblich auf dem Boden gelegenen und deshalb als Hindernis nicht erkennbaren Menschen an der Karosserie kaum Beschädigungen auftreten, wohl aber können solche den Beweis erbringen, daß die Schutzbehauptung des Kraftfahrers falsch ist. Es ist also stets zu überlegen: Worauf sind bestimmte Beschädigungen des Fahrzeugs zurückzuführen:

a) Auf den Zusammenstoß mit einem anderen Fahrzeug; Gewicht und Wucht der Kraftfahrzeuge stehen in ihrer Wirkung weit hinter dem menschlichen Körper zurück;
b) auf Anprall oder Aufprall eines Menschen, also wenn er vertikal gegen das Fahrzeug gestoßen oder auf dieses geschleudert wurde;
c) auf Anprall an unbeweglichen Gegenständen?

6. Schäden an Häusern und anderen aufragenden Hindernissen

Die Wucht der kinetischen Kraft schleudert nicht selten schwerste Kraftfahrzeuge in entgleiste Straßenbahnen, gegen Häuser und sonstige Hindernisse, die über der Erdoberfläche in die Höhe ragen (s. S. 47). Menschen werden an die Wand gedrückt, Fahrzeuge rennen gegen Mauern usw. Die dadurch verursachten Anprall-, Aufprall- und Kratzspuren sind gleichfalls sehr beachtliche Beweismittel für den Unfallvorgang; sie werfen insbesondere die Frage auf:

Wodurch kam die gewaltsame Berührung zustande? Welche Folgen hatte sie? Inwieweit ist sie nur eine Zwischenphase des Geschehens? Was ging ihr voraus (z. B. Ausweichen von einem verkehrswidrigen Fußgänger, Schleudern gegen das Haus infolge Vereisung der Straße), was folgte ihr nach (Liegenbleiben des Fahrzeugs, nochmaliger Rückstoß mit den entsprechenden Personen- und Sachschäden)?

7. Sonstige Spuren und Beweisstücke

Wichtige Spuren sind Schleifspuren von Menschen, Tieren, Fahrzeugen (kleineren, beim Zusammenstoß mit der Eisenbahn oder Straßenbahn auch größeren Fahrzeugen, Kraft- und Fahrrädern, Fuhrwerken und Handwagen).

Karosserie, Kotflügel, Lampen und sonstige glatte Außenflächen sind bei Personenverletzungen außerdem auf Finger- und Handabdrücke zu untersuchen. Sie rühren in der Regel von Personen her, die sich am Fahrzeug anhalten oder abstoßen wollten oder gegen das Fahrzeug geschleudert wurden. Ihr Auffindung an einer bestimmten Stelle kann zusammen mit anderen Untersuchungsergebnissen dazu führen, daß Ursache und Ablauf des Unfalls in einem völlig anderen Licht erscheinen, als etwa vom Kraftfahrer behauptet wird oder sonst ursprünglich angenommen wurde. So kommt Fingerabdrücken am Scheinwerfer oder an einem vorderen Kotflügel für die Unfallaufklärung eine ganz andere Bedeutung zu, als wenn diese Spuren an der Wagentüre oder am hinteren Kotflügel gefunden werden. Von wem stammen demnach gefundene Abdrücke? Inwieweit können aus ihnen Schlüsse auf den Unfallvorgang gezogen werden?

Gleitspuren (Kratzer) können von den Schuhsohlen angefahrener Fußgänger herrühren. Sie zeigen manchmal sehr deutlich die Stoßrichtung, bei Rad- und Kraftfahrern den Versuch, mit dem Fuß Halt am Boden zu gewinnen. Auf diese Art von Spuren wird selten geachtet.

Ist jemand von einem flüchtigen Fahrzeug überfahren worden, so können außer den Reifenmustern (s. S. 102) Farbspuren der Karosserie, Kleiderstaub, Glas- und Lacksplitter oder Gummiteile Anhaltspunkte für das Fahrzeug liefern. Zur mikroskopischen oder sonstigen physikalischen (Analysenquarzlampe!) oder chemischen Untersuchung ist Kleiderstaub usw. in Gläsern oder in glatten Briefumschlägen zu verwahren. Ist ein Ermordeter nachträglich auf die Fahrbahn gelegt worden, um einen Verkehrsunfall vorzutäuschen, können Staubteile seiner Kleidung gleichfalls wertvolle Indizien für die Aufklärung des Verbrechens liefern.

Als Beweisstücke kommen vor allem die beteiligten Fahrzeuge in Betracht, ferner abgerissene oder verlorene Teile des Fahrzeugs wie Scheinwerfer, Türgriffe, Kühlerfiguren, Fahrtrichtungsanzeiger, abgebrochene oder Reserveräder, Teile der Stoßstange, der Motorhaube, Nummern-Schilder, bei Krafträdern abgerissene Schutzbleche, außerdem zerstörte und beschädigte Fahrräder, die von der Wucht des Kraftfahrzeuganpralles fortgeschleudert worden sind, Pfützen von ausgeflossenem Kühlwasser, Öl oder Betriebsstoff, Teile der Ladung.

Glasscherben von Lampen und vertikalen Scheiben, Splitter von Innen- und Querscheiben aus Sicherheitsglas (s. S. 30) können insbesondere zur Überführung flüchtiger oder leugnender Fahrzeugführer dienen, wenn im Innern des ermittelten Fahrzeugs oder in dessen Fensterrahmen ebensolche gefunden werden*).

Aus persönlichem Besitz sind noch beispielsweise zu erwähnen: Fortgeschleuderte Zigarren und Zigaretten, die vor dem Unfall geraucht wurden, Zahnprothesen, Kunstbeine und -Arme, Hand- und Aktentaschen usw., Kopfbedeckungen, welche die Unfallopfer im Sturz verloren haben (s. Skizze 12 S. 143)

---

*) Über chemische Untersuchung von solchen Glasscherben s. Archiv für Kriminologie Bd. 88, S. 256.

III. Die kriminaltechnische Beweissicherung

1. Allgemeines

Die rechtliche Beweissicherung durch Sicherstellung und Beschlagnahme sowie die vorläufige Sicherung des Tatbefundes, insbesondere die Absperrung des Unfallortes sind bereits im 1. Teil B erörtert worden. Hier handelt es sich also um die endgültige Festhaltung des gesamten objektiven Tatbestandes einschließlich der beteiligten Fahrzeuge, der Spuren und sonstigen Beweismittel, wie sie bisher besprochen worden sind. Dabei dienen Beschreibung, Lichtbild und Zeichnung vor allem der Erfassung der Gesamtsituation und der Spuren an solchen Gegenständen, die nicht aufgehoben und mitgenommen werden können. Photographische und zeichnerische Aufnahmen müssen insbesondere stets ersehen lassen, wo und wie die beteiligten Fahrzeuge, die Unfallopfer und die Zeugen beim Unfall standen.

Die meisten Spuren sind der raschen Verwischung und Vernichtung durch das Wetter, namentlich durch Regen- und Schneefall ausgesetzt. Infolgedessen muß ihre endgültige kriminaltechnische Sicherung sobald wie möglich vorgenommen werden, ohne daß dadurch Genauigkeit und Vollständigkeit leiden dürfen. Als vorteilhaft hat es sich erwiesen, aufgefundene Spuren und Beweisstücke zum Zwecke der photographischen Gesamtaufnahme durch vorbereitete numerierte Markierungsstöcke zu kennzeichnen.

Bei nächtlichen Unfällen ist zu überlegen, ob die Tatbestandaufnahme bis zum Hellwerden verschoben werden soll oder nicht. Vielfach ist das schon wegen des Morgentaues nicht zu empfehlen, weil er den Boden feucht macht und damit Spuren auf der Straßendecke, im Straßengraben verwischt. Nach Möglichkeit ist also in solchen Fällen der Tatbestand unter dem Licht der eigenen Kraftfahrzeugscheinwerfer oder Blitzlicht aufzunehmen. Nachtaufnahmen haben außerdem den Vorzug, daß sie den Tatort unter den gleichen Beleuchtungsverhältnissen wie zur Zeit des

Unfalls auf die Platte zu bannen vermögen. Über die technische Durchführbarkeit ist selbstverständlich im Einzelfall die Meinung des sachkundigen Erkennungsdienstbeamten zu erholen.

2. Die Beschreibung

Sie soll in klarer, präziser Darstellung das Wesentliche dessen enthalten, was sich dem Untersuchungsführer beim Eintreffen am Unfallort (s. S. 45) als Ergebnis des vorausgegangenen Dramas darbietet. Zeichnung und Lichtbild vermögen zwar nicht jede Beschreibung zu ersetzen, aber sie doch wesentlich zu vereinfachen. Das ist besonders dann der Fall, wenn mehrere Lichtbilder die Lage festgehalten haben und wenn die photographischen Aufnahmen durch eine maßgerechte Skizze ergänzt werden. Beschreibungen haben namentlich den Vorteil, die natürlichen Maße wiederzugeben und damit das „Lesen" in Bildern und Skizzen zu erleichtern. Jedenfalls soll die Beschreibung enthalten:

a) den Unfallort und seine Bezeichnung (s. S. 49ff.);

b) die nähere Beschreibung der unmittelbaren Unfallstelle, ausgehend von einem Festpunkt, dem nächsten Haus oder einem sonstigen Punkt in leicht meßbarer Entfernung, Breite der Straße, Straßenbelag;

c) nächste Umgebung, soweit sie für die Entstehung und den Ablauf des Unfalls von Einfluß ist, An- und Abfahrtswege, einmündende Straßen usw.;

d) beteiligte Fahrzeuge, ihre Stellung auf der Straße und zueinander;

e) die Lage der verletzten (Kennzeichnung vor dem Abtransport s. S. 14) oder getöteten Person, kurze Beschreibung: Mann, Frau oder Kind, bei unbekannten Toten ungefähres Alter, Kleidung usw.;

f) Veränderungen am Tatort vor dem Eintreffen der Polizei und Maßnahmen zur Wiederherstellung des veränderten Tatbestandes, soweit das nötig und zweckmäßig war (s. S. 13);

g) Hauptspuren: Lage, Länge, Breite, Verlauf, Anfang, Ende der sichtbaren Fahrspuren;
h) Wetter (s. S. 59).

Beispiel: „Unfallort ist die N. Straße, die Hauptverbindungsstraße von A. nach N. Die Straße verläuft von Süden nach Norden und ist an der Unfallstelle 8,60 m breit. Der Unfall ereignete sich vor dem Anwesen Nr. 164, das an der Ostseite der Straße freisteht. Die nächsten Häuser sind auf der gleichen Straßenseite 50 bzw. 80 m entfernt. Die westliche Straßenseite ist hier noch unbebaut und von Gärten eingesäumt. Die Straßendecke besteht aus Rauhasphalt. Wetter: trocken und warm.

3 m vom östlichen Fußsteigrand entfernt liegt mit dem Gesicht nach unten eine männliche Leiche, der Kopf zeigt nach Nordwesten, die Beine nach Süden. Der Mann ist 30—40 Jahr alt, bekleidet mit brauner Joppe und graublauer Hose. Aktentasche und Mütze liegen in der Nähe (s. Bild 1). Die Durchsuchung seiner Taschen förderte u. a. 1 Personalausweis auf den Namen R. S. zutage, beschäftigt bei der Firma X. Der von dieser Firma herbeigerufene Ingenieur A. erkannte in dem Toten den Mechaniker R. S. dieser Firma, der aus D. stammt.

Ein Fahrzeug war nicht mehr vorhanden, der Fahrer ist nach dem Unfall geflohen. Die Nummer des Kraftfahrzeugs konnte von den Unfallzeugen nicht abgelesen werden, da das hintere Kennzeichen verschmutzt war.

Wie aus Lichtbild 1 und 3 ersichtlich, sind an Spuren vorhanden:

a) 1 Bremsspur von 14,60 m Länge, deren rechte Spur 2,70 m vom Fußsteigrand entfernt verläuft; die Spurweite des Fahrzeugs beträgt 1,40 m;
b) 1 Blutlache mit zahlreichen seitlichen Spritzern an der Liegestelle des Toten.

Der herbeigerufene Arzt Dr. W. stellte nach dem äußeren Befund folgende Verletzungen an dem Toten fest: Quetschung des Schädels, Bruch des linken Armes und mehrere Beinbrüche."

Daß zum Zwecke der Beschreibung alle Entfernungen nach Metern und Zentimetern, bei größeren Entfernungen ausnahmsweise nach Schritten gemessen (z. B. 100 Schritte vom Bahndamm entfernt) und niemals geschätzt werden dürfen, bedarf im Hinblick auf die Bedeutung aller Maße und Entfernungen für die Wahrheitsfindung keiner Ausführung. Straßenseiten sollen nach der Himmelsrichtung angegeben werden, z. B. vom nördlichen zum südlichen Fußsteigrand gemessen. Seitenangaben mit „rechts" bzw. „links" nur, wenn keine Verwechslung eintreten kann und wenn zugleich der Standpunkt bzw. die Verkehrsrichtung angegeben sind, von der aus die Bezeichnung erfolgt, z. B. rechts von mir ging meine Tochter; von der linken Straßenseite her, in meiner Fahrtrichtung gesehen.

Bei jeder Beschreibung ist zu berücksichtigen:

Nichts voraussetzen! Der Fall kann einem Richter oder Staatsanwalt zur Bearbeitung zugewiesen werden, der völlig ortsfremd ist.

Alles aufnehmen, was irgendwie für die Beurteilung des Hergangs von Bedeutung ist oder sein könnte, aber auch:

Nichts Überflüssiges! Wenn der Unfall sich auf der Fahrbahn abgespielt und z. B. keiner der Beteiligten den Fußsteig betreten hat, weder Bäume noch Laternen angefahren wurden oder für die Sicht eine Rolle spielten, werden alle diese Objekte nicht erwähnt, sonst bilden sie nur eine wertlose Belastung.

Auch das hervorheben, was nach dem Vorfall an Spuren und sonstigen Beweismitteln vorhanden sein müßte, aber nicht aufzufinden war, z. B. das flüchtige Fahrzeug, ein bereits von anderen Personen beseitigtes zertrümmertes Fahrrad des Getöteten usw.

3. Die Zeichnung

Die Zeichnung ist beim Fehlen von Lichtbildern neben den aufgefundenen Beweisstücken für die Urteilsfindung von größter Bedeutung. Sie soll ansehnlich und muß genau, übersichtlich und richtig sein; stets muß sie so ausfallen, daß sie Staatsanwalt und Gericht genau zu unterrichten vermag und daß ihre Beweiskraft von Beschuldigten und Verteidigern nicht erschüttert werden kann.

Als Grundlage für die Einzeichnung der Unfallbeteiligten, der Einzelheiten des Unfallortes, der gesicherten Spuren usw. sind nach Möglichkeit einheitliche Signaturen im Maßstab 1 : 200 zu verwenden*), gegebenenfalls unter Benutzung eines Unfall-Gerätekastens. Die Skizze ist dann selbstverständlich im gleichen Maßstab anzufertigen. In maßgerechten Skizzen in der Größe 1 : 100 müssen auch die Fahrzeuge usw. maßgerecht eingetragen werden.

Selbstverständlich kann der Beamte am Tatort keine saubere Zeichnung herstellen, sondern nur eine behelfsmäßige Handskizze. Jedoch muß auch sie mit genauen Maßeinträgen versehen sein, auf Grund deren dann die Zeichnung im Amtszimmer ausgearbeitet werden kann. Deshalb soll zum Unfallort stets quadriertes Zeichenpapier mitgenommen und zu diesem Zweck vorrätig gehalten werden.

Zeichnungen, die von zivilrechtlich interessierten Personen übergeben werden wollen, sind zurückzuweisen oder höchstens den eigenen Aufnahmen beizufügen.

Wann muß man zeichnen? Wenn kein Lichtbild hergestellt werden kann oder wegen der Einfachheit der Lage entbehrlich erscheint, sowie wenn die Zeichnung zur Ergänzung der photographischen Aufnahme notwendig ist, namentlich zur Wiedergabe der Grundrißanlage für eine größere Geländestrecke. Mit einer Zeichnung muß man sich auch begnügen in den zahlreichen Fällen, in denen die Polizei von dem Ereignis so spät Kenntnis erhält, daß bei ihrem Eintreffen am Unfallort alle Spuren und Beweisstücke entfernt sind. Die zeichnerische Erläuterung der Strafanzeige kann dann meist nur mehr auf Grund der Aussagen von Zeugen und Beschuldigten hergestellt werden.

Kommt der Beamte an einen Unfallort, an dem die Spuren von vornherein fehlten oder verwischt sind oder an dem eine Än-

---

*) Vgl Anlage zum früheren RdErl vom 19 Januar 1940, MBliV S. 179 sowie PDV 5, S. 109, 160—164, hier abgedruckt als Anlage 2

Bild 19

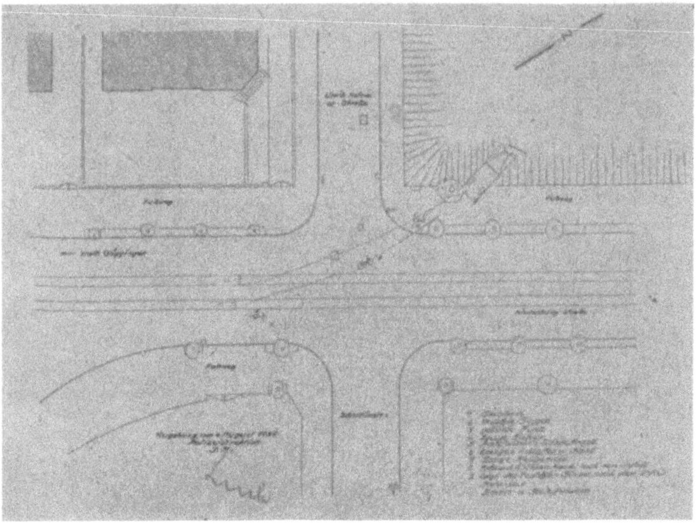

Skizze 13

Bild 20

Bild 21

derung vorgenommen worden ist, über die zwischen den Beteiligten Streit besteht, so sind gegebenenfalls mehrere Skizzen anzufertigen.

Was muß man zeichnen? Keine noch so gute Zeichnung kann die plastische Darstellungskraft des Lichtbildes ersetzen. Es kann aber mangels photogrammetrischer Einrichtungen Entfernungen und andere Maße nicht wiedergeben, sondern läßt Größenverhältnisse nur relativ erkennen. Das Lichtbild muß sich auch der Kosten wegen beschränken auf Wiedergabe der Gesamtlage und der wichtigsten Einzelheiten (Spuren, Beschädigungen); (s. Skizze 13, S. 153).

Die Zeichnung muß Aufschluß geben über alle Objekte und Personen, die für die Aufklärung des Unfallvorganges von Bedeutung sind oder sein könnten, d. s. vor allem: Wege und Lage der Fahrzeuge und Spuren, Straße und deren Zubehör, also angefahrene Hauswände usw., wesentliche Hindernisse wie Steinhaufen, Lage und Fundort loser abgerissener Fahrzeugteile usw. Von besonderer Bedeutung ist der Standpunkt wichtiger Zeugen; ihre Blickrichtung zur Zeit des Unfalls ist durch einen kleinen Pfeil zu kennzeichnen.

Die Zeichnung muß alle Entfernungen und sonstigen Maße enthalten, beim Fehlen eines Lichtbildes auch die Erhebungen über der Erdoberfläche (s. S. 47), Anhöhen usw. sowie die Vertiefungen (Straßengräben, abfallende Böschungen, große Schlaglöcher im Straßenkörper), endlich jene Spuren auf der Straßenfläche, die das Lichtbild nicht oder nicht scharf genug wiedergeben kann (Skizze 14, S. 173).

Wie soll man zeichnen? Im allgemeinen sind Grundrißkarten anzufertigen, Ansichtsskizzen*) (als Ersatz für Lichtbilder) nur dann, wenn Beschädigungen an Häusern usw. zu zeigen sind. Grundrißskizzen sind stets von einem Punkt oder einer Linie ausgehend aufzunehmen und von dort aus die erforderlichen Einzelheiten systematisch einzutragen. Kann ein Beamter keine maßgerechte Skizze aufnehmen (Umrechnung der tatsächlichen

*) Siehe Bild 20 und 21 sowie Skizze 15 (S. 174) — Grund- und Aufriß.

Entfernungen auf einen kleineren Maßstab als oben angeben, also meist 1 : 250 oder 1 : 300), so soll er eine Skizze anfertigen, deren Linien im äußeren Verlauf der Wirklichkeit entsprechen, und darin jede einzelne Entfernung in Ziffern eintragen. Maßstabgerecht müssen auch Zwischenräume und Abstände sein, die im Unfallgeschehen eine Rolle gespielt haben. Der Maßstab ist stets anzugeben. Fahrtrichtungen werden zweckmäßig mit Farbstift usw. gekennzeichnet, die Unfallstelle mit einem roten Kreuz. Bei einer größeren Zahl von notwendigen Einzeichnungen kann die Numerierung der einzelnen Eintragungen (s. Skizze 9 u. 11)*) angebracht sein. Alle Zeichnungen sind nach Norden zu orientieren (Einsetzen eines Nordpfeiles bzw. Verwendung der entsprechenden Type aus dem Unfallgerätekasten).

Großen Vorteil bieten Pläne oder Lichtpausen, die bei den Bauämtern vorhanden sind oder der Revierwache usw. von solchen Örtlichkeiten vorrätig gehalten werden, die häufig der Schauplatz von Verkehrsunfällen sind. Mit Hilfe solcher Lagepläne kann auf Grund einer einfachen am Tatort gefertigten Skizze rasch und einwandfrei eine maß- und formgerechte Zeichnung hergestellt werden.

Sind Kartenblätter (1 : 100000, 1 : 50000 usw.) vorhanden, nach welchen man die Lage am Unfallort zeichnen kann, so ist dies eine wertvolle Erleichterung. Hat man keine geeigneten Karten, so muß die Aufnahme und Zeichnung ausschließlich nach der Natur erfolgen.

Will man sich für einzelne Örtlichkeiten — es kommen in der Regel nur städt. Verkehrsknotenpunkte in Frage — noch besser einrichten, so bedient man sich der von Esker („Die Polizei", 1933, S. 420) empfohlenen Schablone: Man klebt eine Planpause größeren Maßstabs, deren Linien (Hausflucht, Randstein- und Anlagengrenzen, Straßen- und Kleinbahngleise) mit starken Reißfederstrichen nachgezogen sind, auf kräftige Pappe. Die Linien werden nun ausgestanzt, jedoch so, daß noch genügend breite Verbindungsstücke (Stege) vorhanden sind, um Festigkeit und Zusammenhalt des Planes zu gewährleisten. Hat sich ein Unfall

*) Seite 104 bzw. 134

ereignet, so wird die Schablone, in der natürlich auch alle Maße vermerkt sein müssen, auf Papier (Schreibpapier oder eigene Zeichenblätter) gelegt, die erforderlichen Linien, in den Ausschnitten leicht nachgefahren und schließlich mit Tinte, Tusche usw. durchgezogen. In gleicher Weise können Denkmäler, Maste jeder Art u. a. sowie die Himmelsrichtungen übertragen werden.

4. Das Lichtbild

Das zuverlässigste Mittel zur Festhaltung des Tatbestandes ist das Lichtbild. Daher muß die Zeit bis zum Eintreffen des Sachverständigen, ev. der Staatsanwaltschaft und des Amtsrichters (s. S. 17) und vorbehaltlich deren weiterer Anordnungen, dazu benutzt werden, den Unfallort samt den Fahrzeugen und Spuren zu photographieren. Mindestens eine Aufnahme soll die Gesamtsituation erfassen (Bild 3, 8, 20, 22 und 23), wie sie der Verkehrsteilnehmer (Kraftfahrer) bei der Annäherung an den Unfallort und an diesem selbst vor sich hatte und wie sie sich nach dem Unfall ergab. Die weiteren Bilder (Nahaufnahmen) müssen die Einzelheiten zeigen: die Zusammenstoßstelle, die Beschädigungen der Fahrzeuge, der Häuser usw., die Lage von Verletzten und Getöteten, der Spuren, der Lage abgerissener Teile usw. (siehe insbesondere Bilder 17—19, 21, 24 und 25).

Tritt Dunkelheit ein, bevor eine Lichtbildaufnahme möglich war, so ist mit künstlichem Licht der Versuch zu machen, wenigstens die Gesamtlage zu erfassen, im übrigen muß man sich mit Zeichnungen begnügen. Besser ist es freilich, wenn es möglich ist, während der Nacht den Tatbestand unverändert unter Bewachung liegen zu lassen und die Aufnahmen bei Tagesanbruch fortzusetzen. Naturgemäß gilt das auch für nächtliche Unfälle, soweit nicht gerade Nachtaufnahmen besonders angebracht sind (S. 148).

Zur Festhaltung der Maße ist es zweckmäßig, soweit wie möglich Meterstäbe mitzuphotographieren. Dadurch daß die Länge eines Gegenstandes oder einer Spur, einer Fahrzeugbreite, eines Zwischenraumes usw. auf diese Weise abgelesen werden kann, bekommt der spätere Beschauer auch einen genaueren Eindruck der übrigen Maße und der Größenverhältnisse zu einander. Bei der photographischen Aufnahme von Reifenspuren ist wichtig, daß die Kamera genau parallel zur Spur steht, da sonst Verzeichnungen eintreten.

Ist mit Genehmigung der Staatsanwaltschaft ein Privatphotograph herangezogen worden, so hat sich dieser genau nach den Weisungen des Untersuchungsführers zu richten. Keinesfalls darf übersehen werden, daß Garantie gegeben sein muß, daß jede Retousche der Aufnahmen unterbleibt.

Werden von Privatpersonen bzw. dem Führer oder Halter selbst photographische Aufnahmen gemacht, so soll wenigstens ein Abzug erbeten und der Anzeige mit entsprechender Erläuterung beigegeben werden.

Alle Lichtbilder sind auf der Rückseite mit dem Dienststempel zu versehen und mit dem Namen des Aufnahmebeamten, damit keine Verwechslungen mit privaten Aufnahmen eintreten können. Einzelne Bilder werden zur Vermeidung von Verlusten und zum Schutze gegen Beschädigungen möglichst auf Pappe aufgeklebt, mehrere zusammengehörige Aufnahmen numeriert in einem Umschlag verwahrt und dieser den Akten beigeheftet.

5. Aufnahme, Verwahrung, Verpackung, Versand

Der Untersuchungsbeamte darf sich weder scheuen, beim Suchen von unsichtbaren oder zweifelhaften Spuren die Lupe zu Hilfe zu nehmen, noch auf den Boden zu knien, wenn Spuren am Boden, an den Rädern oder den Unterseiten des Fahrzeugs zu vermuten sind. Die Taschenlampe leistet ihm hierbei ausgezeichnete Dienste.

Soweit Spuren an unbeweglichen Gegenständen haften, muß die dreifache Festhaltung durch Beschreibung, Lichtbild und Skizze, wenn es mit der erforderlichen Genauigkeit und Sorgfalt geschehen ist, für das spätere Gerichtsverfahren genügen. Freilich sind Spurenabdrücke auf der Fahrbahn besonders vergänglich und müssen deshalb u. U. sehr rasch aufgenommen werden (Faustskizze), besonders wenn der unbekannte Fahrer geflohen ist und an Hand einer einfachen Zeichnung oder

(Pause) der Fahrspur verfolgt werden muß. Steht viel Zeit und günstiges Wetter zur Verfügung, so können Reifeneindrücke durch Ausgießen mit Gips oder durch ein sonstiges geeignetes kriminaltechnisches Verfahren gesichert werden.

Die Sicherung von Blutspuren usw. (s. auch II, 3, erster Abs.) geschieht nach den allgemeinen kriminalistischen Grundsätzen*). Dabei ist wichtig darauf hinzuweisen, daß an beschädigten Karosserien, Kotflügeln und Motorhauben die Verwechslung von Blut, Rost und Farbe möglich ist und daß diese Verwechslungsmöglichkeit gerne von schuldigen Fahrern zur Ablenkung der Polizei mißbraucht wird. Blut wird durch Regen und Schnee stark verändert. Kleine Blutspritzer werden z. B. in Kleidern und am Fahrzeug sehr schnell dunkelgrau bis schwarz.

Blutbefleckte Kleider (s. auch II, 4) und sonstige Gegenstände sind nach entsprechender vorsichtiger Verpackung mitzunehmen. Schutz von Kleiderstaub und Reifenbildern s. S. 147.

Finger- und Handabdrücke (II, 7) müssen, wenn sie nach dem wahrscheinlichen Unfallablauf ein Fahrzeug oder einem glatten Zubehörteil zu vermuten sind, mit guter Lupe und peinlicher Sorgfalt gesucht, mit den allgemein üblichen kriminaltechnischen Hilfsmitteln sichtbar gemacht und abgenommen, nach Möglichkeit auch vorher photographiert werden. Sie dürfen jedoch nur von solchen Beamten abgenommen werden, die dafür ausdrücklich vorgebildet sind, so daß nichts verdorben werden kann. In größeren Städten ist dazu der Erkennungsdienst heranzuziehen. Abgerissene und weggeschleuderte Fahrzeugteile, die vermutlich oder bestimmt Finger- oder Blutspuren, Kleiderfetzen und seien es auch nur vereinzelte Fäden tragen, müssen so aufgehoben werden, daß die daran befindlichen Beweise nicht vernichtet, aber auch nicht neue Spuren durch die Polizeibeamten hinzugefügt werden können.

*) Vgl. u. a. Kley-Schneickert, Kriminaltaktik und Kriminaltechnik, 4. Aufl., 1933; Groß-Seelig, Handbuch der Kriminalistik, I. Bd., München-Berlin 1941. — Neuerdings Wilhelm, Einführung in die praktische Kriminalistik, Stuttgart 1947, 2. Aufl.

Zur Aushändigung an die Staatsanwaltschaft oder an einen Sachverständigen (IV) sind kleinere Beweisstücke und Spurenträger vorsichtig zu verpacken und dabei vor Verrutschen zu hüten, auch äußerlich hinreichend zu kennzeichnen, damit jede unnötige Berührung vermieden wird. Andere Beweisstücke sind gegebenenfalls bei der Polizei gut zu verwahren, bis sie von der Staatsanwaltschaft usw. abgerufen werden.

6. Freigabe sichergestellter und beschlagnahmter Fahrzeuge

Die Freigabe eines sichergestellten oder beschlagnahmten Fahrzeugs (s. S. 15) hängt nach Unfällen mit Todesfolge oder mit lebensgefährlichen Verletzungen von der Entscheidung der Staatsanwaltschaft ab, bei anderen Unfällen vom Ergebnis der Untersuchung durch die Sachverständigen. Im übrigen bestimmt sie der Untersuchungsführer in eigener Verantwortung.

Die Einziehung von Kraftfahrzeugen im Unfallstrafverfahren ist rechtlich unzulässig. Der Einziehung unterliegen nur solche Gegenstände, die zur Begehung eines vorsätzlichen Verbrechens oder Vergehens gebraucht worden sind (§ 40 Abs. 1 StGB.). Demnach ist Einziehung dann zulässig, wenn der Täter das Fahrzeug vorsätzlich zur Verkehrsflucht (§ 139a StGB.) benutzt hat.

IV. Die Tatbestandsrekonstruktion

Jede Tatbestandsaufnahme, die im Zuge des „ersten Angriffs" durchgeführt wird, ist im Grunde genommen eine Rekonstruktion des Tatbestandes, d. h. der Versuch, auf Grund der zurückgelassenen Spuren und Beweisstücke festzustellen, wie sich der Unfall mit hoher Wahrscheinlichkeit zugetragen hat.

Von Tatbestandsrekonstruktion spricht man auch dann, wenn am Unfallort vor Eintreffen der Polizei Änderungen vorgenommen worden sind und nun der Versuch gemacht wird, an Hand der noch vorhandenen Beweise sowie von persönlichen Aussagen die Lage wieder so herzustellen, wie sie vor den Änderungen tatsächlich oder angeblich gewesen ist. Ein solches Unterfangen ist stets bedenklich und kann nur anerkannt werden, wenn der ursprüngliche Tatbestand ganz zweifelsfrei wieder hergestellt worden ist.

Von einer Tatbestandsrekonstruktion im eigentlichen Sinn, d. h. einer Wiederherstellung des überhaupt nicht mehr vorhandenen Unfallbefundes kann jedoch nur die Rede sein, wenn sie viele Stunden, Tage oder gar Wochen nach dem Unfall in der Weise erfolgt, daß der Unfallverlauf an Ort und Stelle nochmals zum Abrollen gebracht wird. Daß hierbei die Aufnahme mittels Filmgerät den Vorzug vor dem feststehenden Bild verdient, braucht nicht weiter betont zu werden. Die Tatbestandsrekonstruktion ist indes wertlos, wenn sie sich nur auf subjektive Bekundungen erstreckt, allein schon weil das menschliche Erinnerungsvermögen weder Zentimeterunterschiede noch Geschwindigkeitsunterschiede im Gedächtnis behalten kann.

Wie ist also eine solche Tatbestandsrekonstruktion vorzunehmen? Vor allem müssen objektive Anhaltspunkte vorhanden sein, auf denen der Vorgang erneut aufgebaut werden kann, also mindestens eine verlässige 'polizeiliche Skizze mit genauen Maßen oder sonstige Maßangaben, evtl. noch Streifspuren an Mauern, Geländern usw. Wetter und Beleuchtung sollen gleichfalls den Verhältnissen am Unfalltag entsprechen. Die damalige Lage von Toten oder Verletzten ist durch eine Puppe oder ein Kleidungsstück zu markieren. Zur Aufnahme ist nicht nur die Anwesenheit aller unmittelbar am Unfall Beteiligten erforderlich, sondern auch die Anwesenheit der Tatzeugen unter genauer Festhaltung ihres seinerzeitigen Standes und ihrer Blickrichtung. Was konnten sie damals sehen oder hören, was ist in ihren früheren Aussagen vermutlich Phantasie oder Kombination, was Wirklichkeit? Gehen die Aussagen der Beteiligten erheblich auseinander — und das ist die Regel — so muß dieser Verschiedenheit durch wiederholte Aufstellung und Aufnahme der Szenerie Rechnung getragen werden. Das gilt sowohl dann, wenn ein veränderter Tatbefund wieder hergestellt werden soll wie auch dann, wenn der Unfallablauf vollständig rekonstruiert werden soll.

Zur Tatbestandsrekonstruktion gehören auch Probe- und Versuchsfahrten mit Kraftfahrzeugen oder dem Straßenbahnwagen, der am Unfall beteiligt war. Doch erfüllen solche Fahrten regelmäßig nur dann ihren Zweck, wenn seit dem Unfall am Fahrzeug noch keine Änderungen eingetreten sind. Sofern der Beamte nicht selbst lenken kann, ist es vorteilhaft, wenn er im Kraftfahrzeug hinter dem Führer Platz nimmt, nicht neben ihm, denn dort verschiebt sich das Raumbild vor den Fahrzeug nicht unwesentlich.

Eine fast wertlose Tatbestandsrekonstruktion zeigt **Bild 22,** Tötung des Fuhrmanns St. durch einen zurückstoßenden LKW. Während des Zurückstoßens ging St. anstatt am Kopf der Tiere zu bleiben oder vorne um die Pferde herumzugehen, auf der linken Seite seines Fuhrwerks nach hinten und wurde von der rechten hinteren Ecke des LKW.-Aufbaues gegen sein eigenes Fuhrwerk gedrückt. Fremdes Verschulden war nicht nachweisbar. Das Bild wurde einige Zeit nach dem Unfall aufgenommen und dabei die Fahrzeuge so gestellt, wie sie vor, nicht wie sie während des Unfalls standen. Außerdem hätte eine Zeichnung bessere Dienste geleistet, weil sie die Vorgänge im Einzelnen hätte wiedergeben können.

Zweckmäßiges Verhalten der Polizei zeigen **Bilder 23 bis 25,** Zusammenstoß bei nächtlicher Begegnung und nebligem Wetter; Pflasterstraße durch Regen naß und schmierig; Brems- und Schleuderspuren nicht sichtbar. Da die Aufnahmen nicht sofort gemacht werden konnten, wurde der Standplatz des PKW. genau festgelegt und dieser dann über Nacht in der Nähe sichergestellt. Das beschädigte Fuhrwerk wurde an Ort und Stelle unter entsprechender Verkehrssicherung belassen. Die Vorgänge wurden am nächsten Vormittag nach den Aussagen der Zeugen und des Kraftfahrers sowie dem festgehaltenen Stand der Fahrzeuge rekonstruiert; Bild 23: Stellung der Fahrzeuge vor dem Unfall, Bild 24: der Hergang des Unfalls, Bild 25: Lage nach dem Unfall, von Süden gesehen; weitere Aufnahmen hier nicht wiedergegeben.

V. Die Heranziehung der Sachverständigen

1. Der amtliche Kraftfahrzeugsachverständige

Die Frage, in welchen Fällen es zweckmäßig und notwendig ist, den amtlichen Kraftfahrzeugsachverständigen zur polizeilichen Unfalluntersuchung, d. h. schon zur Tatbestandsaufnahme beizuziehen, ist infolge des starken Einflusses des Sachverständigen auf die gerichtliche Urteilsbildung von außerordentlicher Wichtigkeit. Ihre Beantwortung kann sich niemals in der Aufzählung

Bild 22

Bild 23

Bild 24

Bild 25

von Unfallursachen und -folgen erschöpfen; entscheidend sind vielmehr stets die Art und Schwere des Einzelfalles. Als Richtlinie dürfen jedoch folgende Fälle gelten:

1. Unfälle, in denen ein Materialfehler oder ein anderer technischer Mangel des Fahrzeugs, insbesondere Versagen der Schaltung, der Bremsen, der Kupplung oder der Lenkung als Unfallursache angegeben wird oder zu vermuten ist;
2. Fahrzeugbrände und -Explosionen;
3. Unfälle mit Todesfolge oder mit schweren Körperschäden;
4. bedeutende Unfälle von Kraftfahrzeugen, die sich im Besitz öffentlicher Verkehrsunternehmungen befinden;
5. folgenschwere Zusammenstöße von Kraftfahrzeugen mit Straßen- und Eisenbahnen;
6. Unfälle, bei denen am Tatort erhebliche Meinungsverschiedenheiten über die Fahrweise der beteiligten Verkehrsteilnehmer, über Vorfahrt, über Beurteilung von Fahrspuren usw. auftauchen; dabei ist es gleichgültig, ob der Streit unter den beteiligten Fahrzeuglenkern besteht oder zwischen diesen und der Polizei;

Im übrigen sind die wichtigsten Unfallursachen, die der Beurteilung durch den Sachverständigen unterliegen, schon bei den einzelnen Schäden und Mängeln erwähnt worden.

Wenn irgend möglich ist der Sachverständige zur Vermeidung von Spurenverlust schon auf Grund der ersten Meldung zum Unfallort mitzunehmen (s. S. 11) oder zu bestellen. Selbst wo besonders vorgebildete und fähige Polizeibeamte mit der Aufnahme des Tatbestandes befaßt sind, kann ihnen der Sachverständige noch wertvolle Fingerzeige für die Tatbestandsfeststellung und für die Beurteilung einzelner Spuren und Beweisstücke geben, auch wenn sonst kein Fall vorliegt, in dem seine Anwesenheit unbedingt erforderlich erscheint. Das mag ab und zu vorkommen, wenn die erste Meldung die Unfallfolgen wesentlich schlimmer darstellt, als sie in Wirklichkeit sind.

Auf dem Lande und in kleinen Städten ist die Beiziehung weniger einfach, weil dort die Herbeiholung des Sachverständigen meist von den Anordnungen der Dienstbehörde oder der Staatsanwaltschaft abhängig und zudem vielfach zeitraubend ist. Es kommt deshalb darauf an, die Notwendigkeit der Beiziehung rasch zu erkennen und die übergeordneten Stellen unverzüglich zu unterrichten, damit sie in der Lage sind, sich über die sofortige Sachverständigenberufung schlüssig zu werden. In einer Reihe von Fällen genügt es schon, wenn das Fahrzeug nur sichergestellt wird und dem Sachverständigen zur nachträglichen Untersuchung zur Verfügung steht, besonders wenn der Zerstörungsgrad derart ist, daß am Unfallort keine unumstößliche Entscheidung getroffen werden kann, sondern nur durch Zerlegung des Fahrzeugs in einer Werkstätte. In jedem Fall der nachträglichen Untersuchung ist die Beschlagnahme ausdrücklich zu erklären und für geeignete Unterbringung in amtlichen Gewahrsam oder in einer zuverlässigen Privatgarage (Werkstätte) zu sorgen. Jedoch dürfen Reparaturen irgendwelcher Art vor der Sachverständigenbegutachtung nicht vorgenommen werden; nötigenfalls sind am Fahrzeug Plomben anzulegen (s. im übrigen S. 12ff.). In einzelnen Fällen kann es genügen, nur Fahrzeugteile abzumontieren und dem Sachverständigen zu übergeben.

2. Der medizinische Sachverständige

Wir haben oben gesehen, daß der Arzt auf Grund der von ihm festgestellten Körperbeschädigungen der Polizei schon zur Spurensuche wertvolle Hinweise geben kann (s. S. 140). Dazu muß ihm natürlich auch Gelegenheit geboten werden, ein Kraftfahrzeug, an dem Spuren von menschlichen Verletzungen haften oder haften könnten, möglichst bald zu besichtigen. Es ist deshalb dringend erwünscht, daß er in seiner Eigenschaft als medizinischer Sachverständiger und nicht nur als Arzt oder Leichenschauer in allen Fällen zur Tatbestandsaufnahme beigezogen wird, in denen die Begutachtung von Verletzungen an Ort und Stelle die Unfallaufklärung wesentlich vorwärts treiben kann. Der Arzt kann also Unfallursachen und -folgen diagnostizieren:

a) Am Unfallort, wohin er zur ersten Hilfeleistung, als Leichenbeschauer oder als Sachverständiger gerufen wurde;
b) im Krankenhaus, wenn der Verletzte dorthin verbracht worden ist;
c) in der Wohnung des Patienten oder in den ärztlichen Praxisräumen;
d) anläßlich der gerichtlichen Leichensektion (Landgerichtsarzt).

Im allgemeinen sind jedoch schriftliche Gutachten nur auf Anforderung der Staatsanwaltschaft oder des Gerichts oder mit deren Einverständnis zu erholen.

3. Sonstige Sachverständige

Daß darüber hinaus auch der Physiker und Chemiker, der Kraftfahrzeugkonstrukteur, der praktische Automechaniker, unter dessen Händen schon hunderte von Fahrzeugen zerlegt worden sind, der erfahrene Fahrlehrer zur Unfallaufklärung beitragen können, sei am Rande vermerkt. Ob ihre Heranziehung schon durch die Polizei erfolgen soll oder erst durch die Staatsanwaltschaft bzw. das Gericht angeordnet wird, kann offen bleiben. Das richtet sich nach der Art und Schwere des Falles sowie nach den besonderen Fragen, die an die Sachverständigen zu richten sind.

D. Ermittlung und Vernehmung der Zeugen

So wichtig die Ergebnisse der Ortsbesichtigung sind, für die Klärung der Schuldfrage reichen sie allein nicht aus. Ihre Ergänzung bilden die Aussagen der Unfallzeugen. Ihre Bereitstellung gehört bereits zu den vorbereitenden Maßnahmen (s. 1. Teil B). Da sich das Erinnerungsvermögen der Zeugen (auch der Polizeibeamten) von Tag zu Tag mehr verflüchtigt, Erinnerungslücken oft durch Kombinationen, Erzählungen Dritter ausgefüllt werden, ist es notwendig, daß die Zeugenvernehmungen möglichst bald nach dem Unfall und tunlichst am Unfallort vorgenommen werden.

Bei der Vernehmung von Unfallzeugen haben wir es mit zwei Gruppen von Zeugen zu tun: Einerseits Fahrzeuginsassen, die als Fahrzeughalter, als Angehörige, Verwandte oder Freunde vorwiegend auf der Seite des Führers stehen, andererseits fremde Fahrzeuginsassen, Verletzte sowie unbeteiligte Personen, die auf der Straße oder von Häusern aus den Vorgang beobachtet haben. Darin unterscheidet sich also das Verkehrsdelikt von anderen Straftaten, daß hier viel häufiger mit einer Zeugengruppe zu rechnen ist, deren Glaubwürdigkeit infolge der persönlichen Beziehungen zum Beschuldigten fraglich und deswegen sehr kritisch zu prüfen ist. Bedenken gegen einen solchen Zeugen bestehen besonders dann, wenn ihn, ohne daß er Täter oder Teilnehmer im strafrechtlichen Sinne ist, mindestens eine moralische Mitschuld trifft, z. B. den Kraftwagenhalter, der den Auftrag zu rascher Fahrt gegeben hat, den Soziusfahrer auf dem Motorrad, dem es nicht schnell genug ging oder der ein falsches Verkehrszeichen gab. Ist es schon bei der Aufklärung von vorsätzlichen Verbrechen ungemein wichtig, das persönliche Interesse des Zeugen an den Vorgängen und beteiligten Personen zweifelsfrei klarzustellen, so ist dies bei Verkehrsunfällen psychologisch und damit auch vernehmungstechnisch geradezu ausschlaggebend.

Bei allen Fahrzeuginsassen kommt noch hinzu, daß ihre Gemütsverfassung durch die Schreckwirkung ungünstig beeinflußt und ihr Erinnerungsvermögen oft stark getrübt ist. Allerdings treten solche Folgen des Schreckens und der Aufregung auch bei beschuldigten Fahrzeuglenkern und sonstigen Beteiligten einschließlich verunglückter Fußgänger auf, nicht selten sogar bei unbeteiligten Zeugen.

Persönliche Beziehungen und Schrecken sind aber nicht die einzigen Fehlerquellen und Hemmnisse der Unfallermittlung. Eine ebenso große Bedeutung haben körperliche und geistige Mängel der Beobachter. Schwerhörige und kurzsichtige Zeugen sind gleich unzuverlässig, weil sie auf jeden Fall höchstens Bruchstücke des Dramas und diese meist ungenügend wahrgenommen haben, so daß ihnen weder als Belastungs- noch als Entlastungszeugen ein wesentlicher Wert zukommt. Das gleiche gilt für Personen, deren Beobachtungsfähigkeit durch andere Ereignisse und durch Beschäftigung mit ihren eigenen Gedanken abgelenkt wurde, so daß ihnen gleichfalls nur Bruchstücke des rasch sich abspielenden Unfalls ins Bewußtsein gelangt sind. So werden besonders Warnungssignale als Dauerlärm der Stadtstraßen nicht immer beachtet, damit auch gedanklich nicht aufgenommen.

Wichtig ist also vor allem: Wo befand sich der Zeuge zur Zeit des Unfalls? War er selbst in Bewegung oder wo stand er? Womit war er im Augenblick beschäftigt? Wodurch wurde er auf die Vorgänge aufmerksam? War seine Beobachtungsmöglichkeit nicht durch andere Verkehrsteilnehmer, durch Scheinwerferlicht usw. beeinträchtigt? Hat sich der, wenn auch sonst unparteiische Zeuge nicht getäuscht, etwa infolge der Entfernung und der dadurch bedingten Verschiebung des Bildes, z. B. über Vorgänge in der Kurve. Hier können hintereinanderfahrende Radfahrer als nebeneinanderfahrend scheinen.

Insbesondere der Verletzte selbst unterliegt ungewollt Täuschungen, so daß seine Aussagen von der Bekundung unbeteiligter Zeugen erheblich abweichen. Überhaupt gehen Zeugenaussagen je nach der Entfernung, der Beobachtungsmöglichkeit und -fähigkeit, schlechtem Gehör, Kurzsichtigkeit, Farbenblindheit usw. oft weit auseinander. Selten ist es möglich, solche einander widersprechende Aussagen restlos auf einen Nenner zu bringen.

Unter den Vorgängen, die dem Unfall vorausgingen oder ihn mittelbar oder unmittelbar auslösten, stehen Geschwindigkeiten, Entfernungen und Abstände an erster Stelle. Ihre richtige oder wenigstens annähernd richtige Schätzung beruht auf einer Reihe von subjektiven und objektiven Vorbedingungen. Deren Einwirkung zu prüfen, Fehlschlüsse und Beobachtungsmängel auszuschalten, ist nur durch Tatbestandrekonstruktion (s. S. 160), durch Prüfungsfahrten und Probeschätzungen mit einiger Verlässigkeit möglich. Erfahrungsgemäß ist auch ein Unterschied, ob ein Zeuge das Kraftfahrzeug an sich vorbei- oder auf sich zufahren sieht, ob der Zeuge selbst auf einem Kraftfahrzeug oder Fahrrad oder zu Fuß beobachtet hat. Wenn sich das Kraftfahrzeug auf den Zeugen zubewegt, kann er die

Geschwindigkeit viel weniger richtig schätzen, als wenn das Fahrzeug an ihm vorbeifährt. Hat der Zeuge also verlässig beobachtet? Rühren die von ihm bezeichneten Spuren auch wirklich von den am Unfall beteiligten Fahrzeugen her? Das sind Kapitalfragen zur genauen Ermittlung des wirklichen Unfallablaufs. Diese Feststellungen sollen unmittelbar bei der ersten Tatortaufnahme gemacht werden, können im Notfalle aber auch bei einer büromäßigen Vernehmung oder am Unfallort nachgeholt werden. Wird der Zeuge erst längere Zeit nach dem Unfall vernommen, so ist sein Gedächtnis, d. h. sein Erinnerungsvermögen zu ermitteln und auf irgendeine Weise zu versuchen, dieses nachzuprüfen. Denn neben der Gefahr ungenauer Wahrnehmung ist die Gefahr ungenauer Erinnerung nicht weniger bedeutsam.

Bei der Suche nach unbeteiligten Zeugen, welche die Vorgänge vor, während und nach dem Unfall beobachtet haben, ist in bewohnten Straßen namentlich nach Personen zu forschen, die von höher gelegenen Wohnungen aus die Ereignisse verfolgen konnten. Wo Fahrerflucht vorliegt, sollen sich die Bekundungen auch auf das polizeiliche Kennzeichen, Wagenbeschreibung, Beschreibung des Führers usw. erstrecken (s. S. 101).

Einen nicht geringen Einfluß auf die Aussagen unbeteiligter Zeugen übt die persönliche Stellung zum Kraftverkehr aus. Autofeindlichkeit oder Verständnislosigkeit vieler Menschen für den modernen Verkehr veranlaßt sie, sich einseitig zuungunsten des Kraftfahrers zu äußern. Andererseits haben diese Zeugen den Vorzug, daß ihnen das persönliche Interesse an den beteiligten Personen meist abgeht. Ihre Geschwindigkeitsschätzungen sind jedoch in der Regel unbrauchbar, es fehlt ihnen der Maßstab hierfür. Zahlenmäßige Angaben sind deshalb abzulehnen und nur zu fragen, ob mit mäßiger oder hoher Geschwindigkeit gefahren wurde (Vergleiche mit dem Straßenbahntempo). Ist das Fahrzeug an Zeugen vorbeigefahren oder hat es ihn überholt, so werden zweckmäßig Probefahrten vorgenommen, auf Grund deren der Zeuge seine Angabe bestätigen oder ändern kann. Die mit der Fahrt verbundene Geschwindigkeitsmessung dient nur der Ergänzung der Zeugenaussage. Für diese Prüfungsfahrt ist der

Standpunkt des Zeugen im Augenblick des Vorgangs genau festzustellen und zu prüfen, ob er überhaupt die Vorgänge sehen konnte. Von Wichtigkeit ist auch, daß der Zeuge bei allen Aussagen ausdrücklich unterscheidet, was er selbst gesehen oder gehört hat und was ihm von anderen mitgeteilt wurde.

Nur in Ausnahmefällen wird ein Zeuge in der Lage sein, alle Phasen des Unfalls zu beobachten und damit die ursächlichen Zusammenhänge in ihrer Gesamtheit zu erfassen. Oft ist es sehr schwer, ihre Fehlmeinung durch Gegenbeweise zu erschüttern. Überhaupt wirkt sich die subjektive Überzeugung bei keiner Zeugengruppe so stark aus wie bei Zeugen von Verkehrsunfällen. Auch vor phantasievollen, wichtigtuerischen und geschwätzigen Zeugen ist zu warnen. Ihre übertriebenen Schilderungen auf das richtige Maß zurückzuführen und sie von ihren Irrtümern zu überzeugen, ist meist außerordentlich schwierig. Suggestivfragen, die an sie gerichtet werden, können besonders verhängnisvoll für den Beschuldigten werden. Diese Zeugen unterliegen auch allzuleicht der Verwechslung eigener Wahrnehmungen mit den Erzählungen anderer. Gefährlich ist bei Zeugen, die wegen zu großer Entfernung, mangelnder Übersicht oder aus anderen Gründen nur Bruchstücke des Unfalls erlebt haben, die Kombination aus ihren eigenen Teilbeobachtungen, aus der Lage unmittelbar nach den Unfall und aus den vorhandenen Spuren. Bedenkenlos ergänzen sie Lücken ihres Erinnerungsbildes nach ihrer eigenen Meinung über die Wahrscheinlichkeit des Unfallablaufs, ziehen daraus Schlußfolgerungen und bringen so eine Darstellung, die vielleicht durch ihre Vollständigkeit verblüffend wirkt, tatsachlich aber ein Phantasieprodukt ist.

Soweit Verletzte Zeugnis ablegen sollen, ist von Bedeutung, ob der allgemeine Unfallschock oder besondere Verletzungen (Kopfverwundung, Gehirnerschütterung) noch nachwirken, d. h. ob, von seiner Stellung als Prozeßpartei abgesehen, nach seinem körperlichen Zustand mit glaubwürdigen Aussagen gerechnet werden kann und ob eine Vernehmung überhaupt angebracht ist. Für das Verhör eines verletzten Beschuldigten gilt Ähnliches (s. S. 175). Die Entscheidung über die Vernehmungsfähigkeit ist bei Verletzten, die im Krankenhaus liegen, dem zuständigen Anstaltsarzt zu überlassen.

Daß der Erfolg einer Vernehmung auch von zahlreichen persönlichen Faktoren abhängt, vom Alter, dem Geschlecht, Beruf, der individuellen Veranlagung, dem Gemütszustand usw. darf nicht übersehen werden. Das gilt auch für jugendliche Zeugen.

Kinder und Jugendliche beobachten erfahrungsgemäß ziemlich gut; namentlich sind Knaben infolge ihres Interesses für Kraftfahrzeuge häufig sogar wertvolle Zeugen. Das darf aber nicht dazu verleiten, die Fehlerquellen, die Kinderaussagen grundsätzlich anhaften, besonders die Gefahr der Wichtigmacherei, zu übersehen. Die notwendigen Vernehmungen von Kindern sind deshalb möglichst bald nach dem Ereignis anzusetzen, um der kindlichen Phantasie tunlichst wenig Spielraum zu lassen. Wiederholte Vernehmungen sind aus dem gleichen Grund zu vermeiden.

Bis zur Vernehmung von Zeugen ist möglichst wenig Zeit zu verlieren, besteht doch häufig die Gefahr der Beeinflussung durch Führer und Halter. Namentlich gegenüber Verletzten, die kaum ein Interesse an der Strafverfolgung, um so mehr aber an zivilrechtlicher Entschädigung haben, wird häufig Beeinflussung versucht.

Im allgemeinen besteht keine Erinnerung, daß in den Strafanzeigen die Auffassung der Zeugen über die Schuldfrage niedergelegt wird; jedoch müssen die Zeugen ihre Stellungnahme begründen, z. B. „meines Erachtens trägt der Motorradfahrer die Schuld, weil er aus der engen Gasse zu rasch ausgefahren ist".

Zu einer geschickten Vernehmungstaktik gehört auch, daß sich der Beamte gegenüber den zivilrechtlichen Interessenten aller Äußerungen über die Schuldfrage enthält, da sie häufig im Zivilprozeß verwertet werden und ihn festzulegen geeignet sind. Dieser Rat gilt namentlich dann, wenn zunächst keine zweifelsfreie Klärung möglich ist, wer von mehreren Beteiligten der Schuldige ist.

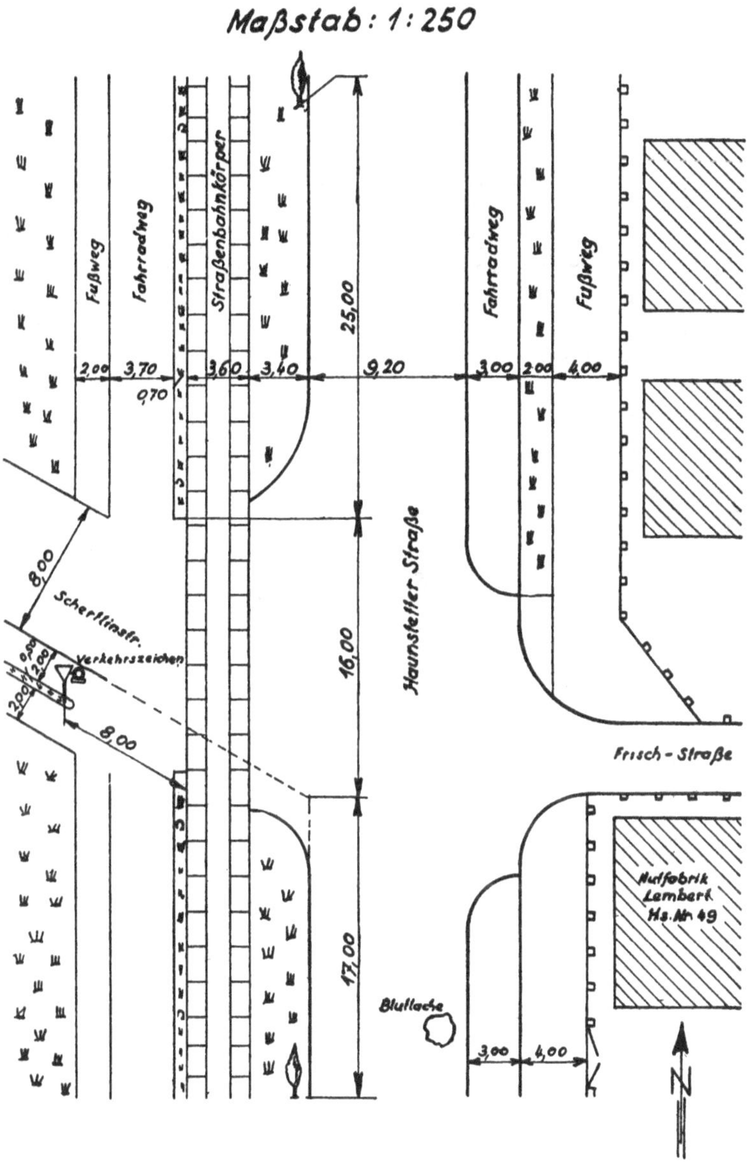
Maßstab: 1:250
Fußweg
Fahrradweg
Straßenbahnkörper
25,00
Fahrradweg
Fußweg
2,00
3,70
0,70
3,60
3,40
9,20
3,00
2,00
4,00
8,00
Scherflinstr.
Verkehrszeichen
16,00
Haunstetter Straße
Frisch-Straße
8,00
17,00
Blutlache
Hutfabrik
Lembert
Hs. Nr. 49
3,00
4,00
N

Skizze 14

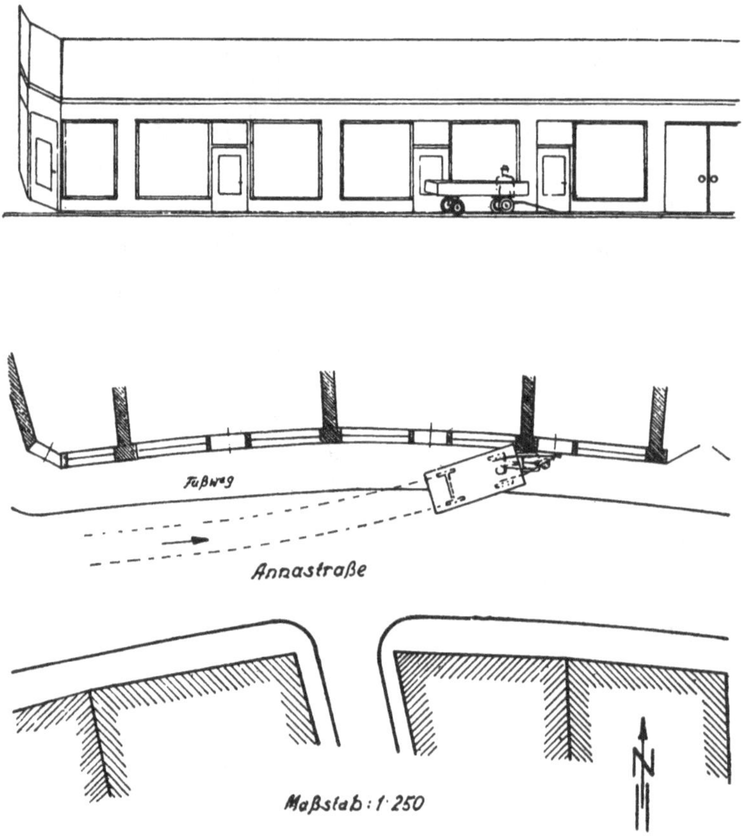

Skizze 15

3. Teil

Ermittlung und Überführung des Verdächtigen

Die allgemeine polizeiliche Frage nach dem „Wer" verwandelt sich beim Verkehrsunfall meist in die Frage: „Welcher von beiden?" Allerdings erhebt sich manchmal auch die Vorfrage: „Wer saß während des Unfalls am Steuer eines beteiligten Kraftfahrzeugs?" Ermittlungen dieser Art sind namentlich dann angebracht, wenn der Verdacht besteht, daß ein Kraftfahrzeugführer das Steuer einem anderen überlassen hat, vielleicht jemandem, der gar keinen Führerschein hat.*) Die erwähnte Frage ist außerdem zu stellen, wenn bei dem Unfall außer den unmittelbar Beteiligten keine Zeugen vorhanden waren: bei Nacht, in unbelebten Straßen der Stadt oder draußen auf der Landstraße. Dann ist ausschlaggebend zu wissen, wo und von wem das Fahrzeug zum letzten Male gesehen wurde und auf wen die von einem etwaigen Identitätszeugen gegebene Beschreibung des Führers zutrifft. Solche Feststellungen sind auch notwendig, wenn der Verdacht der Trunkenheit eines beteiligten Führers ausgesprochen wird sowie bei Fahrerflucht (s. S. 101).

Die Mehrzahl der Kraftfahrzeugführer genügt jedoch ihrer Pflicht bis zur polizeilichen Feststellung des Tatbestandes am Unfallort zu bleiben und nach Möglichkeit an der Bergung der Verletzten mitzuwirken. Die Ermittlungsaufgabe besteht deshalb im Regelfall darin, die Unterlagen für die Schuld der am Unfall beteiligten Personen systematisch zu sammeln oder die Beweise dafür zu erbringen, daß ein strafbares Verschulden nicht vorliegt.

Der Beweis im Unfallprozeß ist vorwiegend ein Indizienbeweis, der sich vom Prozeß wegen eines vorsätzlichen Verbrechens da-

---

*) Siehe S. 35.

durch unterscheidet, daß die Indizien meist in mannigfaltiger Form vorhanden sind und der Täter in der Regel bekannt ist. Vielfach ist er selbst persönlich oder wirtschaftlich oder in beiden Richtungen von den Unfallfolgen betroffen. Daher muß stets das Bestreben maßgebend sein, nicht nur die belastenden Umstände, sondern auch alle entlastenden Tatsachen zusammen zu tragen. Es handelt sich bei den Vernehmungen des Verdächtigen auch nicht darum, auf ein Geständnis hinzuarbeiten, sondern aus dem Tatortbefund sowie eigenen und fremden Aussagen ein lückenloses Bild des Unfallherganges zu gewinnen, das die Staatsanwaltschaft instand setzt, entweder das Verfahren wegen mangelnder oder nicht nachweisbarer Schuld schon von sich aus einzustellen oder die Anklage zu erheben, um den Richter über Schuld oder Unschuld entscheiden zu lassen.

Die Grundlagen der Vernehmung bilden einerseits die Verkehrsvorschriften, die im 2. Teil unter A und B allgemein erörtert wurden (s. auch S. 62), soweit sie im Einzelfall verletzt sind oder verletzt zu sein scheinen. Die andere Stütze der Vernehmung ist der Tatortbefund (2. Teil C) und schließlich die Aussagen der Unfallzeugen (2. Teil D). Die Vernehmung der Beteiligten hat sich somit auf alle objektiven und subjektiven, persönlichen und sachlichen Gesichtspunkte zu erstrecken, die nach der Lage in Betracht kommen oder in Betracht kommen könnten, grundsätzlich also:

das eigene Verhalten und die persönliche Verantwortlichkeit der vom Unfall betroffenen Verkehrsteilnehmer, Fahrzeug- und Tierhalter (2. Teil A II, B I—IX);

die Verkehrs- und Betriebssicherheit der beteiligten Fahrzeuge und die Verkehrstauglichkeit von beteiligten Tieren (2. Teil A I);

Verkehrslage, Verkehrssicherung, Zustand der Straße, Wetter, Beleuchtungsverhältnisse usw. (2. Teil A III—VII), wie sie sich den Unfallbeteiligten dargeboten haben.

Bei überwiegend eigenem Schaden begegnet die Vernehmung keinen wesentlichen Schwierigkeiten, wenngleich jeder Mensch beim Vorhalt einer sträflichen Unterlassung sich zu entschuldigen und zu verteidigen sucht. Unhaltbare Einwendungen sind an Hand der Spuren und sonstigen Beweismittel, gegebenenfalls der technischen Widerlegungen der Sachverständigen und schließlich nicht angreifbarer Zeugenaussagen richtigzustellen, soweit der Beschuldigte aber auf seiner Meinung beharrt, diese zu Protokoll zu nehmen. Auf jeden Fall darf nichts unerörtert bleiben, was für oder gegen den Verdächtigen zu sprechen geeignet ist.

Daß sich mehrere Beteiligte die Schuld gegenseitig zuzuschieben suchen, ist eine alltägliche Erfahrung. Aufgabe der Vernehmung ist es dabei, jeden anzuhören, seine Aussagen festzuhalten einschließlich jener Aussagen, die von den Bekundungen anderer Beteiligter oder der Zeugen oder dem Ergebnis der Beweissicherung abweichen.

Auch das Unfallverhör unterliegt dem zweifachen Gesetz der Vernehmungspsychologie, d. h. der Pflicht des vernehmenden Polizeibeamten, sich in die Persönlichkeit des anderen zu vertiefen, und der Psychologie des Vernommenen (um hier nicht von einer Kriminalpsychologie des Verbrechers sprechen zu müssen). Denn Polizei und Beschuldigte stehen sich bei der Aufklärung von Verkehrsunfällen auf anderer Ebene gegenüber. Der Täter ist hier kein vorsätzlicher Verbrecher, sondern das Opfer seiner eigenen Unachtsamkeit, seines Leichtsinns usw. Sein Vergehen ist ein fahrlässiges, hier im Sinne des Strafrechts die Außerachtlassung der Sorgfalt, die vom Täter nach seinen Erfahrungen, seinen Kenntnissen, seinem geistigen und körperlichen Zustand usw. erwartet werden muß, selbst wenn die Fahrlässigkeit eine bewußte gewesen ist. Beim Fehlen der geistigen und körperlichen Leistungsfähigkeit, also vor allem der Geistesgegenwart — Aufmerksamkeit und Reaktionsfähigkeit — erhebt sich die Frage, ob sich der Verkehrsteilnehmer dieses Mangels überhaupt bewußt gewesen ist (s. S. 37). Daß die seelische Wirkung eines Unfalls auf den Beschuldigten nicht übersehen werden darf, ist selbstverständlich. Betroffenheit und scheinbares Schuldbewußtsein sind noch kein Beweis für wirkliche Schuld. Das darf also bei Vernehmungen nicht übersehen und keine falschen Schlüsse gezogen werden.

Daß beim Verhör alle notwendigen Vorsichtsmaßregeln und taktischen Grundsätze der Vernehmung anzuwenden sind: Getrennte Vernehmung der Beteiligten und getrennte Unterbringung oder wenigstens Beaufsichtigung und Verhinderung der Unterhaltung bis zur Vernehmung, Vorhalt widersprechender Aussagen und Indizienbeweise versteht sich am Rande. Die Vernehmungen sind deshalb zunächst tunlichst am Unfallort zu erledigen, unter dem frischen Eindruck der Vorgänge und um eine sofortige Nachprüfung und Richtigstellung der Aussagen zu ermöglichen. Zur Beurteilung des Unfallablaufs kann es vorteilhaft sein, mit dem Fahrzeugführer aus der Entfernung bzw im Fahren die Situation nachzuprüfen (s. S. 160).

Ob ein Unfallbeteiligter, insbesondere ein ortsfremder Kraftfahrer nach der Vernehmung vorläufig festzunehmen und dem Gericht zu überstellen ist, richtet sich darnach, ob Fluchtverdacht oder Verdunklungsgefahr vorliegt (§ 127 Abs. 2 StPO., §§ 112 ff. StPO.). Bei der Vernehmung von Verletzten im Krankenhaus soll der Polizeibeamte erst den zuständigen Arzt befragen, ob die Einvernahme der Verletzten möglich und ihm zuträglich ist. Ob gegen einen solchen Verletzten Haftbefehl zu erwirken ist, bemißt sich gleichfalls nach den Bestimmungen der StPO.

Daß der Beschuldigte zuletzt, mindestens aber nach Abschluß aller Ermittlungen unter Vorhalt aller inzwischen gesammelten belastenden und entlastenden Beweise nochmals gehört wird, entspricht sowohl dem praktischen Bedürfnis wie dem Gedanken der Gerechtigkeit.

Ist ein Verkehrsunfall durch ein gestohlenes Kraftfahrzeug verursacht worden, so ist eine völlige Klärung der Vorgänge erst möglich, wenn der Dieb ermittelt ist. Kraftfahrzeugdiebstahl bzw. unbefugte Benutzung (s. S. 191) können in einer Anzeige behandelt werden, sofern die Ereignisse sich unmittelbar folgen. Im übrigen empfehlen sich 2 voneinander unabhängige Anzeigen. Dementsprechend sind auch die Vernehmungen voneinander unabhängig.

Dagegen sind Unfall und Verkehrsflucht stets in einem Verfahren zu erledigen, da der Unfall ja die Ursache der Flucht ist.

4. Teil

Die Erstellung der Strafanzeige

A. Die polizeiliche Behandlung der Strafanzeige

Sofern nicht eine abweichende Anordnung getroffen ist, muß jeder Verkehrsunfall der Staatsanwaltschaft angezeigt werden, um diese in die Lage zu versetzen, die strafrechtliche Verantwortlichkeit der Beteiligten zu prüfen. Der Anzeige sind die aufgenommenen Skizzen und Bilder sowie etwaige sonstige Beweisstücke beizufügen (2. Teil C).

Die Darstellung soll von den Umständen ausgehen, unter denen die Dienststelle oder der Beamte von dem Unfall Kenntnis erhalten hat (eigene Beobachtung, Mitteilung durch andere Personen). Im Anschluß daran sollen die Vorgänge nach ihrer zeitlichen Reihenfolge geordnet sein, an erster Stelle die Beschreibung des Unfallortes (s. S. 49). Hieran reiht sich die Schilderung der Ergebnisse der Tatortaufnahme und der getroffenen Maßnahmen, die Vernehmungen von Zeugen und Beteiligten, Angaben über die Fahrzeuge und sonstige Überführungsmittel, über Beschlagnahme, Zeit der Festnahme, Zeit der Einlieferung in Untersuchungshaft wegen Flucht- oder Verdunklungsgefahr, über Entlassung von vorläufig Festgenommenen, über Strafantragstellung der Verletzten, über erfolgte oder noch notwendige Heranziehung des amtlichen Kraftfahrzeugsachverständigen oder anderer Sachverständiger zur Klärung bestimmter Einzelfragen, über Vorhandensein und Art des Führerscheins (s. S. 35), über Zulassung des Kraftfahrzeugs (s. S. 23), vollständige Personalien der beschuldigten bzw. verunglückten Personen. Wegen der späteren Eintragung eines Todesfalls ins Sterberegister des zuständigen Standesamts sind auch die Personalien der getöteten Personen vollständig anzuführen. Erfahrungsgemäß fällt es vielen Menschen schwer, ihre Erinnerung in sprachlich klarer und verständlicher Form wiederzugeben. Dieser Mangel an Ausdruckfähigkeit führt nicht selten dazu, daß die Niederschrift der Aussage derart geändert wird, daß damit ihr Sinn entstellt wird. Eine erfolgreiche

Vernehmungstechnik muß deshalb begleitet sein von einer ebensoguten Protokollierungstechnik. Dazu gehört eben auch die Fähigkeit, die Aussagen von Zeugen und Beschuldigten in brauchbarem und allgemein verständlichem Deutsch niederzuschreiben, ohne den Sinn der Aussagen zu ändern.

Dabei ist zu bedenken, daß die polizeiliche Anzeige häufig richtunggebend für den ganzen Strafprozeß ist. Sie muß deshalb alles Wesentliche enthalten. Der Vorgang ist erschöpfend, klar und deutlich niederzuschreiben, frei von Übertreibungen und Mißverständlichkeiten. Staatsanwaltschaft und Richter müssen sich an Hand der Anzeige ein genaues Bild des Vorgangs machen können. Zweckmäßig werden alle persönlichen Aussagen in direkter Rede wiedergegeben und durch Einrücken der Zeilen besonders hervorgehoben. Die Aussagen Verdächtiger läßt man in schweren Fällen oder wenn mit einem Widerruf zu rechnen ist, unterschreiben. Zu empfehlen ist, auch die Aussagen der Zeugen nach Möglichkeit unterschreiben zu lassen. Vor Abschluß der Anzeige ist zu prüfen, ob alle namentlich genannten Zeugen tatsächlich vernommen sind. Andernfalls ist das nachzuholen oder anzugeben, warum auf ein Verhör verzichtet wurde oder ein solches nicht möglich war. Im übrigen muß jede Anzeige so vollständig sein, daß Rückfragen der Staatsanwaltschaft nicht mehr erforderlich sind.

Ob der Beamte auf Grund seiner aus der Behandlung des Falles gewonnenen Sachkenntnis seine Ansicht über die Schuldfrage äußern soll, ist umstritten. Maßgebend ist die Anschauung der zuständigen Staatsanwaltschaft. Doch ist ihre Aufgabe erleichtert, wenn der polizeiliche Sachbearbeiter am Schluß der Anzeige (Schlußbericht) das Ergebnis seiner Ermittlungen zusammenfaßt und seine Meinung an Hand dieses Gesamtüberblicks zum Ausdruck bringt.

Nach Möglichkeit sind zur Erstattung der Strafanzeige Formblätter zu verwenden (vgl. die früheren RPolVordr. Nr. 225—227, RKPVordr. Nr. 61—69). Auch für die eigenen Akten empfehlen sich Durchschläge auf Formblattpapier. Können Formblätter nicht vollständig ausgefüllt werden, ist der Grund für die Auslassung anzugeben. In umfangreichen Akten sind die Seiten zu numerieren.

Die Vorlage der Strafanzeige ist tunlichst zu beschleunigen. Bei Unfällen mit Todesfolge ist sofortige telephonische oder telegraphische Verständigung der Staatsanwaltschaft notwendig, damit sie einen richterlichen Augenschein veranlassen kann (s. 1. Teil C).

B. Die Rechtsgrundlagen der Strafanzeige

Jede Anzeige an die Staatsanwaltschaft wegen eines Verkehrsunfalls muß auf einen bestimmten strafrechtlichen Tatbestand abgestellt sein, auch wenn nur der Verdacht einer strafbaren Handlung oder Unterlassung vorliegt. Das entfällt lediglich dann, wenn der vermutlich Alleinschuldige als Unfallopfer getötet worden ist, so daß ein Strafverfahren nicht stattfinden kann.

In der Regel beruht der Verkehrsunfall auf der Verletzung einer Rechtsnorm, sei es eine Übertretung der Verkehrsvorschriften oder ein Tatbestand des StGB. oder beide gleichzeitig. Sind weder fremde Sachen noch fremde Personen durch den Unfall beschädigt oder verletzt worden, sondern der Verkehrsteilnehmer allein und infolge eigener und alleiniger Übertretung von Verkehrsvorschriften, so stützt sich die Strafverfolgung auf die entsprechenden, vorsätzlich oder fahrlässig übertretenen Bestimmungen der StVO. bzw. StVZO. und die sie tragenden Strafandrohungen in § 49 StVO. bzw. § 71 StVZO.

Zahlreiche Verfehlungen im Straßenverkehr, namentlich solche gegen die Fahrregeln, welche die Kraftfahrpraxis herausgebildet hat, fallen nicht unter §§ 2—5, 7—44 StVO., sondern unter die Generalregel des § 1 (s. S. 84). Man kann jedoch nach einem Verkehrsunfall nicht mehr von einem Gefährdungstatbestand sprechen, den § 1 grundsätzlich treffen will. Vielmehr hat der verdächtige bzw. schuldige Verkehrsteilnehmer bereits die Grundregel des § 1 verletzt, sonst wäre es, abgesehen von sonstigen strafbaren Handlungen oder Unterlassungen, gar nicht zum Unfall gekommen.

Wer darüber hinaus einer Vorschrift über den Verkehr auf den Autobahnen vorsätzlich oder fahrlässig zuwiderhandelte, macht sich nach § 13 ABBO. schuldig.

Fehlt die Zulassung des Kraftfahrzeugs oder seines Führers zum Verkehr auf öffentlichen Straßen, so kommen zur Verletzung der Verkehrsordnungen die Vergehen gemäß §§ 23, 24 KFG, ausgenommen Kleinkrafträder. (§§ 4, 5, 7 StVZO.)

Ist bei dem Unfall eine Person verletzt oder getötet worden, so stützt sich die Anzeige gegen den überlebenden Verdächtigen nicht nur auf die Übertretungstatbestände der Verkehrsordnungen, sondern vor allem auf die Vergehensnormen in §§ 222, 230, 232 StGB., wenn:

a) der Kausalzusammenhang (s. 1. Teil D) zwischen Verkehrsverfehlung und Körperbeschädigung und damit die strafrechtliche Tateinheit (§ 73 StGB.) gegeben erscheint;
b) wegen der fahrlässigen Körperverletzung ein fristgerechter Strafantrag gestellt ist (§§ 61 ff. StGB.).

Bloße Sachschäden kommen für eine Strafverfolgung nicht in Frage, da die fahrlässige Sachbeschädigung nur der Schadenersatzpflicht nach bürgerlichem Recht unterliegt, nicht aber den Tatbeständen der §§ 303—305 StGB. Freilich kann nach §§ 403 ff. StPO. n. F. (auch in der Fassung des Kontrollratsgesetzes Nr. 11 v. 30. 3. 46) das Schadensersatzverfahren mit dem Strafverfahren verbunden werden. Das ist jedoch nur dann möglich, wenn für beide Verfahren die Zuständigkeit des gleichen Gerichts gegeben ist (s. § 403 Abs. 1 StPO.). Ist dagegen der Amtsrichter wegen der Höhe der vermögensrechtlichen Ansprüche für diese unzuständig, so entfällt die Möglichkeit, beide Verfahren zu vereinen.

An Stelle oder neben die Bestimmungen der StVO. und StVZO. tritt bei fahrlässigen Transportstörungen gegen Eisen- und Straßenbahnen das Verfahren gemäß §§ 316, 315 StGB. (s. 2. Teil B Abschnitt VII und VIII), gegebenenfalls in weiterer Tateinheit mit einer der obigen Körperschadensbestimmungen.

Daß namentlich bei Eingriffen des Halters oder anderer Personen in den Verkehr deren Strafbarkeit als Anstifter (§ 48 StGB.) gegeben sein kann, ist bereits mehrmals erwähnt (s. S. 33, **100**). Mittäterschaft und Beihilfe (§§ 47, 49 StGB.) kommen dagegen nur selten in Betracht.

Wer vorsätzlich oder fahrlässig den Bestimmungen in §§ 78—81 EBBO. zuwiderhandelt ......, wird wegen Übertretung nach § 82 aaO. bestraft, soweit nicht die strengeren Strafandrohungen der §§ 315, 316 StGB. anzuwenden sind oder Tateinheit mit diesem besteht

Verfehlungen gegen die Vorschriften der BOKraft., Übertretungen der Verkehrsteilnehmer nach §§ 41—44 BOStrab. werden nach § 41 des Personenbeförderungsgesetzes verfolgt, wiederum soweit nicht die schwereren Tatbestände des StGB. gegeben oder mit den genannten Übertretungen in Tateinheit verbunden sind.

Anlage 1

Anleitung zur polizeilichen Prüfung der Bremsen von Kraftfahrzeugen

(Vgl. DA. zu § 41 StVZO.)

Liegt die Vermutung nahe, daß die Bremsen eines Kraftfahrzeugs nicht hinreichend wirksam waren, so muß ihre Nachprüfung sofort erfolgen, damit der Führer keine Möglichkeit mehr hat, einen selbstverschuldeten Mißstand zu beheben. Bei leichteren Unfällen kann die Prüfung der Bremsen von jedem Polizeibeamten auch ohne Bremsprüfgerät auf folgende Weise vorgenommen werden:

Der Beamte setzt sich im Kraftwagen neben den Führer und veranlaßt ihn, mit der gleichen Geschwindigkeit zu fahren, mit der er sich angeblich der Unfallstelle genähert hat. Der Beamte bestimmt die zu befahrende Strecke. Er muß aber darauf Bedacht nehmen, daß bei der Prüfungsfahrt eine weniger belebte Straße gewählt wird und daß die Beschaffenheit der Straßenoberfläche die gleiche ist wie an der Unfallstelle (gepflasterte, geteerte, asphaltierte, feuchte oder trockene Fahrbahn). Während der Beamte auf dem Tachometer (Richtigkeit des Gangs?) die Fahrgeschwindigkeit überwacht, bestimmt er einen Punkt (Laterne, Baum usw.), an dem der Führer plötzlich zu bremsen hat, und zwar jeweils gesondert mit der Fuß- und der Handbremse und mit beiden Bremsen zusammen.

Auf diese Weise kann sich der Beamte überzeugen, wie die einzelne Bremse wirkt, wie lange der Bremsweg ist und ob das Fahrzeug eine Bremsspur hinterlassen hätte, wenn der Führer an der Unfallstelle so gebremst hätte wie er angibt, schließlich ob der Führer Bedienungsfehler gemacht hat.

Kraftwagenbremsen können als genügend wirksam betrachtet werden, wenn der Bremsweg auf trockener Fahrbahn bei einer Geschwindigkeit von etwa 30 km/St. nicht mehr als 8 m beträgt.

Bei Krafträdern kann die Handbremse durch Anschieben des Fahrzeugs nachgeprüft werden. Zur Prüfung der Fußbremse ist das Hochstellen des Fahrzeugs auf den Ständer zweckmäßig.

Die geschilderten Arten der Bremsprüfung sind bei jedem Verdacht der Unwirksamkeit der Bremsen anwendbar; nach Unfällen sind sie namentlich auch dann vorteilhaft, wenn ein unfallbeteiligter Kraftfahrzeugführer nicht am Unfallort wohnt und bei einer Beschlagnahme des Fahrzeugs für ihn ein nicht vertretbarer Zeitverlust entstehen würde.

An Stelle der Berechnung der Bremsverzögerung nach dem zurückgelegten Weg kann beim Fehlen eines Bremsprüfgeräts die Berechnung nach der Zeit vorgenommen werden, wenn in einem Fahrzeug ein brauchbarer Geschwindigkeitsmesser (§ 57 StVZO.) vorhanden ist. Dazu setzt der prüfende Beamte bei Beginn der von ihm angeordneten Bremsung eine Stoppuhr in Bewegung. Die sekundliche Ausgangsgeschwindigkeit wird dann durch die bis zum Stillstand des Fahrzeugs verbrauchte Zeit geteilt. Beispiel: bei 40 km/Std. Ausgangsgeschwindigkeit legt das Fahrzeug in der Sek. einen Weg von $\frac{40000 \text{ m}}{60 \,.\, 60} = \frac{40 \text{ m}}{3{,}6} = 11{,}1$ m zurück. Bei einer Bremszeit von 5″ beträgt demnach die Bremsverzögerung etwa 2,2. Wird eine solche Berechnung bei mindestens 2 verschiedenen Ausgangsgeschwindigkeiten vorgenommen, so ergibt sich aus dem Durchschnit der Ergebnisse die mittlere Bremsverzögerung.

Wichtig ist in allen Fällen, daß bereits die erste Bremsprüfung mit erwärmten Bremstrommeln stattfindet, daß also das Fahrzeug schon vorher einige Male abgebremst worden ist.

Bäume:

 Laubbaum

 Nadelbaum

 Busch

---

Sonstiges:

 Schranke

 Gitter oder Zaun

 Mauer

 Nordpfeil

 Straßenlaterne

Spuren (Unterschiede genauestens beachten, Maße angeben!):

 = Fahrspuren

 = Bremsspuren

 = Blockierspuren

 = Schleuderspuren

 = Schleifspuren

 = Rutschspuren

 = Kratzspuren

---

Hinweise:

1. In Unfallvorgängen können folgende Abkürzungen Verwendung finden:
   PKW = Personenkraftwagen,
   LKW = Lastkraftwagen,
   Krad = Kraftrad,
   Krad m. B. = Kraftrad mit Beiwagen.

2. In die Fahrzeuge sind, soweit möglich, Abkürzung und Kennzeichen einzutragen. z. B.:

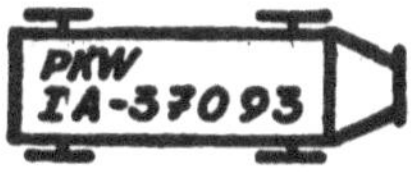

3. Signaturen für Fahrzeuge oder Gegenstände, die hier nicht angegeben sind, sind nach freiem Ermessen zu zeichnen und an geeigneter Stelle in der Skizze zu erläutern.

4. Die Signaturen Frau, Mann, Laubbaum, Nadelbaum, Busch und Straßenlaterne sind in Skizzen so zu verwenden, daß der Fußpunkt den Standort kennzeichnet.

Anlage 3.

ÜBERSICHT

über die

für die Unfalluntersuchung hauptsächlich in Betracht kommenden Rechtsvorschriften.

I. Allgemeines Straßenverkehrsrecht:

Kraftfahrzeuggesetz (KFG.)	vom	3. 5 1909	in der Fassung
des Ges.	,,	21 7. 1923	(RGBl I S. 743)
der VO.	,,	6. 2. 1924	(,, I S 42)
der VO	,,	12. 12. 1924	(,, I S. 775)
des Ges.	,,	13. 12. 1933	(,, I S 1058)
des Ges.	,,	10. 8. 1937	(,, I S 901)
des Ges.	,,	7. 11. 1939	(,, S 2223)
der VO	,,	2. 4. 1940	(,, S 606)

Straßenverkehrsordnung (StVO)	vom	13. 11. 1937	(RGBl I S. 1179)
in der Fassung	,,	13. 10. 1938	(,, I S 1433)
	,,	3. 5. 1939	(,, S. 874)
	,,	3. 10. 1939	(,, S. 1988)
	,,	24. 4. 1940	(,, S. 682)
	,,	19. 5. 1943	(,, S. 333)
	,,	28. 1. 1944	(,, S. 48)
	,,	18. 10. 1944	(,, S. 256)

Straßenverkehrszulassungsordnung (StVZO) vom 13. 1 1937 (RGBl I S. 1215, 1354) i. d. Fassung

vom	28. 12. 1937	(RGBl I S. 1422)
,,	24. 9. 1938	(,, S. 1198)
,,	4. 2. 1939	(,, S. 163)
,,	6. 4. 1939	(,, S 735)
,,	22. 2. 1940	(,, S 402)
,,	8. 4. 1940	(,, S. 619)
,,	3. 5. 1940	(,, S. 720)
,,	4. 12. 1941	(,, S. 750)
,,	6. 1 1943	(,, S. 5)
,,	9. 10. 1943	(,, S. 563)
vom	3. 9 1948	(GVBl des W-Rats Nr 18)

Anpassungs-Erlaß vom 29 3. 1949 (VkBl. S. 21)

II. Autobahnverkehr:

Vorläufige Autobahnbetriebs- und Verkehrsordnung vom 14. Mai 1935 (RGBl. II S. 421) — ABBO.

III. Gewerbsmäßige Personenbeförderung:

Personenbeförderungsgesetz vom 6. 12. 1937 (RGBl. I S. 1319).

VO. über den Betrieb von Kraftfahrunternehmen im Personenverkehr vom 13. 2. 1939 (RGBl. I S. 231). — BOKraft.

VO. über die Arbeitszeit der privaten Kraftomnibusunternehmer nebst AusBest. vom 17. 2. 1938 (RVkBl. B S. 39).

Straßenbahnbau- und Betriebsordnung vom 13. 11. 1937 (RGBl. I S. 1247) — BOStrab.

Ausführungsbestimmungen dazu vom 5. 7. 1939.

IV. Güterkraftverkehr:

Gesetz über den Güterfernverkehr mit Kraftfahrzeugen vom 26. 6. 1935 (RGBl. I S. 788).

Tarifordnung vom 15. 10. 1936 (Reichsarbeitsblatt Nr. 32, PDV. 5 S. 430).

V. Eisenbahnverkehr:

Eisenbahnbau- und Betriebsordnung vom 17. 7. 1928 (RGBl. II S. 541) in der geltenden Fassung — EBBO.

Erlaß d. RVM. vom 30. 12. 1935, E 21/7905 über die Sicherung von Wegübergängen in Schienenhöhe durch Warnlichter.

Erlaß d. RVM. vom 24. 2. 1938, K 7/1890 über Kreuzungen von Bahnen des allgemeinen Verkehrs mit Straßenbahnen innerhalb von Straßen.

Desgl. vom 30. 3. 1940 (RVBl. B S. 114), AusfBest. zu § 68 (3) EBBO.

VI. Allgemeines Strafrecht:

Strafgesetzbuch § 139a (Verkehrsflucht) § 139b (Vernachlässigung der Aufsichtspflicht gegenüber Jugendlichen), § 222 (fahrlässige Tötung), § 230 (fahrlässige Körperverletzung), §§ 315, 316 (fahrlässige Transportgefährdung).

VII. Sonstige Bestimmungen:

Not-VO. vom 20. 10. 1932 (RGBl. I S. 496) gegen unbefugten Gebrauch von Kraftfahrzeugen und Fahrrädern.

Kraftfahrzeugbenutzungs-VO. vom 28. 12. 1948 (VkBl. 1949 S. 4).

Sachverzeichnis

(Die Zahlen bedeuten die Seiten)

C

D

E

F

G

M

N

O

P

Q

R

S

Sch

Sp

St

T

U

V

FSC
www.fsc.org
MIX
Papier | Fördert
gute Waldnutzung
FSC® C083411

Kolibri 360 GmbH
Ferdinand-Jühlke-Straße 7
99095 Erfurt, Deutschland
produktsicherheit@kolibri360.de